KB250186

여성고객의 마음을 움직여라

여성고객의
마음을
움직여라

다카히라 아이 지음 | 박진배 옮김

경성라인

여성들로부터 사랑을 받는 데는 요령이 있다!

나는 지금까지 경영 컨설턴트라는 직업상 여러 직종의 경영자들을 만났고 그때마다 어떻게 하면 매상을 올릴 수 있을 것인지, 혹은 경영자의 기대치에 가까이 갈 수 있을 것인지에 대해 생각했고 실제로 그 지원을 해왔다.

그중에서 이 책의 주제이기도 한 '여성고객을 기쁘게' 하는 것들은 남성적인 감각과 지금까지의 이론으로는 이해하기 어려운 일들이 실제 상황에서 많이 일어나고 있다는 것을 체험하였다. 그리하여 '여성고객을 기쁘게 하기 위해서는 나름대로의 요령이 있다.'라는 것을 깨닫게 되었고 '여성고객을 기쁘게 하는 방법'에 대해 연구를 시작했다.

물론 내 자신도 여성이므로 남성과 여성의 차이를 잘 알고 있고, 실제로 내가 거래처를 찾아가서 하는 조언에는 주부로서의 시점도 포함되어 있다.

그럴 때마다 대부분의 경영자들은 "네, 그래요?", "그걸 몰랐군요." 혹은 "여성들은 그런 식으로 판단하는군요." 하며 놀라고는 한다. 그리고 내가 조언한 대로 실행하면 그것만으로도 실적이 20~250%까지 올라간다.

'이대로 과연 좋을까?', '무엇인가 중요한 짓을 잊고 있지는 않을까?' 하고 조금이라도 생각하는 것이 있다면 꼭 이 책을 읽어주시기를 바란다.

이처럼 막연한 불안은 직감적으로 '손님이 엄청난 속도로 변화하고 있다.'는 것을 느끼고 있기 때문에 생기는 것이다. 사실 여성 고객의 '변화의 속도'는 너무 빨라 같은 여자인 나로서도 깜짝 놀랄 때가 한두 번이 아니다.

이 책은 그런 변화에 대처해 가는 요령을 함축해서 정리한 것이다.

그렇다면 '여성고객을 기쁘게 하려면' 어떻게 하면 될까?

의외로 대답은 간단하다.

첫째, 여성고객의 판단방법과 느낌을 아는 것이다.

둘째, 여성고객이 원하는 것을 해주는 것이다.

겨우 이것뿐이다. 이 책에서는 여성의 특징을 파악한 다음 그것을 응용하여 실천이 가능하도록 정리하였다.

1장부터 7장까지의 내용을 간략하게 정리하면 우선 '왜 여성고객의 마음일까?'라는 주제이다. 여기서는 '여성고객'에 초점을 맞춘 이유에 대해, 다시 말해 '여성고객'의 특징을 중시하지 않으면 안 되는 이유를 적고 있다.

다음으로 꼭 알아두어야 할 것들, 즉 '여성고객과 남성고객의 차이'로써 남성, 혹은 여성조차 그 차이를 의식하지 않았던 맹점에 대해 중점적으로 해설하였다.

'여성고객의 마음 어떻게 간파해야 하나'에서는 무엇을 어떻게 생각하면 여성고객의 마음을 알 수 있는지에 대해 설명했다.

'여성고객으로부터 '갖고 싶다'는 욕망을 끌어내는 방법과 '여성고객의 마음 사로잡기'는 여성고객의 마음을 알게 되면 이를 응용해 욕구를 일으킬 수 있게 된다는 요령을 소개하였다. 다음으로 '여성이 좋아하는 표현과 연출방법!'의 설명이다. 남성의 감각으로는 괜찮다고 느끼는 표현이라도 여성에게는 별로 좋지 않은 경우가 자주 있어 여성고객의 마음을 사로잡는 표현과 연출방법을 자세히 설명하겠다.

마지막으로 '여성고객의 마음을 계속 사로잡는 방법!'이다. 여성고객을 장기적으로 기쁘게 하기 위해서는 무엇이 필요한지, 또는 인테리어나 상품 만들기 전략을 포함해 정리했다.

이 책은 경영자와 경영 간부는 물론 비즈니스맨과 학생들에게도 응용이 가능하도록 쉽게 설명하였다. 상황에 따라 '여성고객'의 대상이 달라지는 만큼 가정에서나 연인 사이에서도 응용이 가능하리라 생각한다.

따라서 여성분들은 여성과 남성의 차이를 인식하게 될 것이고 비즈니스나 가정경영이 보다 원만해질 것이다.

이 책은 손님의 기분을 들뜨게 해주고, 자신의 꿈을 실현시키기 위해 크게 비약하고 싶고, 해방감을 맛보고 싶은 사람들에게 커다란 힘이 될 것이라 믿는다.

끝으로 독자 여러분과 물심양면 지원을 아끼지 않은 거래처 여러분들께 진심으로 감사드린다.

차례

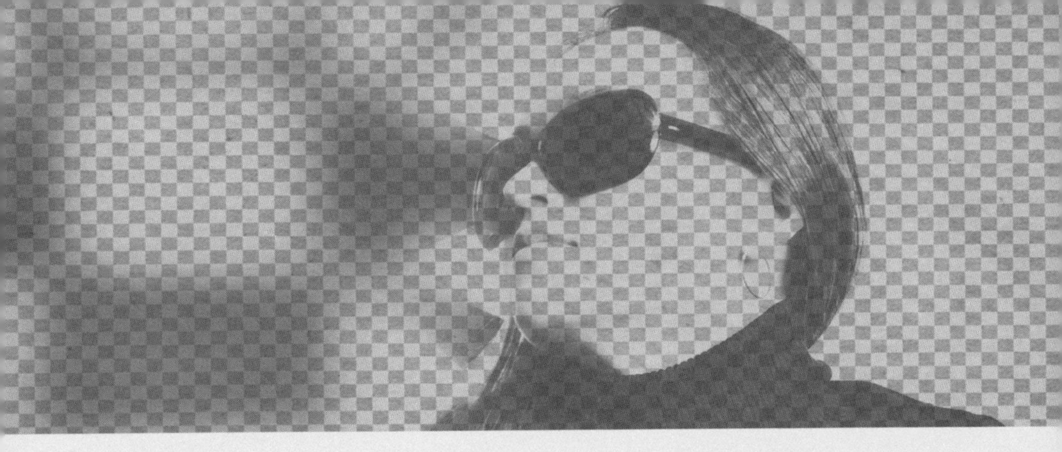

여성고객의 마음

여성의 눈에 들면
무서울 것이 없다

살수록 높아지는 '보는 눈'

이 장에서는 왜 여성고객의 마음을 사로잡는 것이 앞으로 더욱 중요해지는지 그 이유에 대해 설명하겠다.

중요한 것으로 다음의 세 가지를 들 수 있다.

① 여성의 상품과 서비스를 보는 눈은 엄격하다.

② 여성이 지갑을 쥐고 있다.

③ 여성의 정보력과 소문의 효과는 무시할 수 없다.

본 항에서는 일단 ①항에 대해 알아보겠다.

일반적으로 여성과 남성을 비교하면 여성이 남성보다는 소유한 물건이 많다. 이것은 이삿짐센터에서 들은 것으로 독신남성보다 독신여성이 약 20% 정도 짐이 많다고 한다.

틀림없이 여성의 짐은 화장품이나 액세서리, 구두, 가방에 생활잡화 등의 생활에 필요한 물건의 수가 남성보다 많다고 할 수 있다.

그렇다면 사물이 많다는 것은 무엇을 의미할까?

잘 아시다시피 남성에 비해 여성이 그만큼 '구매경험이 풍부하다'는 것을 의미한다. 또한 여성이 결혼하거나 출산을 하면 남편과 아이, 그리고 부모님이 필요한 물건을 사게 된다. 따라서 여성의 구매경험은 더욱더 풍부해지는 것이다.

당연한 이치이지만 구매경험이 쌓이면 쌓일수록 사물을 보는 눈이 엄격해지기 마련이고 구매경험이 풍부한 만큼 쇼핑을 할 때 체크하거나 일일이 살펴보는 경향이 있다.

물론 여성도 충동구매를 하거나 스트레스 발산을 위해 쇼핑을 할 때는 판단이 흐려지기도 할 것이다. 하지만 냉정할 때의 필요한 물건을 보는 눈은 엄격하다고 생각하고 대처하는 것이 현명하다.

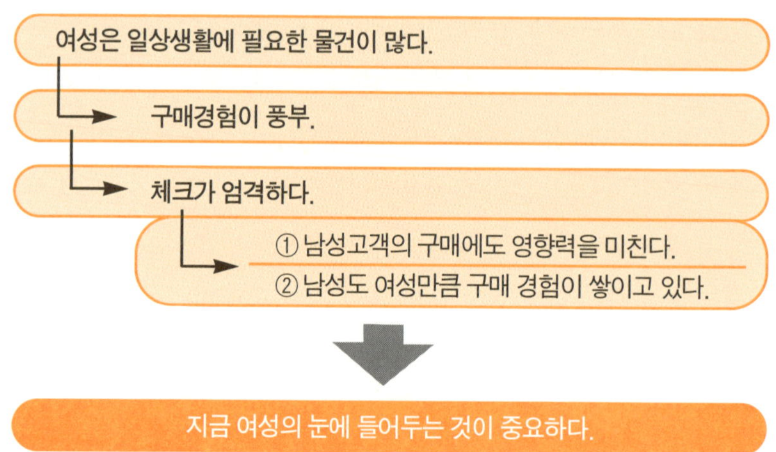

옥의 티를 찾아서

최근에는 상품기획과 판매, 서비스 등의 일에 종사하는 여성이 늘고 있다. 물건을 팔아본 경험이 있으면 물건을 살 때 '제 값어치를 할까?'에 대해 더욱 시선이 엄격해진다.

한때 부인용 가방을 판매한 경험이 있던 친구가 가방을 사러 간다고 해서 함께 갔던 적이 있다. 그녀는 마음에 드는 가방을 발견하자 직원에게 그 물건을 보아도 좋으냐고 묻고는 실제로 손으로 만져보았다. 감촉을 체크하기도 하고, 자신의 모습을 거울에 비추어보는 등 나 역시 공감하는 당연한 행동을 했다.

“잘 어울리네, 마음에 들어?”

“그래? 디자인이 마음에 드네.”

그녀는 만족한 듯이 대답했고, 나는 그녀가 틀림없이 그 가방을 살 것이라고 생각했다. 그러나 친구는 장신구부터 재봉 상태까지 구석구석 살피더니 결국 “못쓰겠어.” 하며 매장을 나왔다.

여성의 눈은 엄격하고 세밀하다. 특히 냉정할 때의 쇼핑은 조금이라도 불만족스러운 점이 있으면 거의 구매를 하지 않는다.

‘그렇다면 남성을 상대로 장사하는 것이 편하다.’고 생각할지도 모르겠지만 현실은 그렇지 않다.

왜냐하면 최근에는 ‘남성도 여성 못지않게 구매경험을 쌓았기 때문’이다. 실제로 멋진 인테리어나 취미 등에 관심을 갖는 남성이 이전보다 늘었다는 것은 그 누구도 부인할 수 없는 사실이다.

그렇다면 남성의 구매에 대한 눈도 앞으로는 엄격해질 것이라고 예상할 수 있다. 즉 현재 여성고객의 눈에 든다면 앞으로 남성고객에게도 지지를 받을 가능성이 높다는 것이다.

여성고객에게 절대적인 인기가 있던 커피숍이나 레스토랑에 얼마 후에는 남성고객이 늘어난 일을 보더라도 쉽게 이해할 수 있을 것이다.

우선 여성고객의 눈에 들면 앞으로가 편해질 것이라 해도 좋을 것이다.

지갑은 여성이 쥐고 있다

'남성세계'까지 장악한 결정권

최근 인기 있는 상품, 서비스, 매장은 거의 예외 없이 여성고객의 지지를 받고 있다. 그러므로 여성고객에게 '저건 틀렸어.'라는 말을 들은 물건은 일단 팔리지 않는다. 이런 경향은 여성이 쓰는 화장품 같은 상품과 서비스뿐만이 아니라 남성용품이나 서비스에 대해서도 마찬가지이다.

나는 업무관계상 '여성고객을 즐겁게 하는 매장 만들기'를 테마로 강연회를 하는 경우가 있다.

그런 강연회에 참가하는 사람들은 미용실과 여성복, 화장품, 통

신판매 등 실제로 여성이 사용하는 물건의 관계자들이 많았지만 최근에는 상황이 많이 바뀌었다.

왜냐하면 지금껏 참가하던 사람들은 물론 중고차, 신사복, 골프장 등 '남성의 세계'라 불리던 업종 관계자들의 참가가 늘었기 때문이다. 그리고 그 수는 점점 증가하고 있다.

어느 날, 이 같은 남성적 업종의 대표 격인 Q라는 신사복매장의 지점장에게 질문을 던져보았다.

"귀사에서는 여성고객을 중요하게 생각하십니까?"

"맞습니다. 신사복은 남성이 입는 것이므로 남성에게 호감을 주는 디자인이나 편안함을 느끼게 하는 것이 중요할 것이라고 생각되지만 실제로는 상황이 다릅니다."

"무엇이 다르지요?"

"남성들은 거의 부인이나 애인과 함께 매장을 찾아옵니다. 그래서 남성이 마음에 드는 옷을 골랐을 때 함께 온 여성이 '그 색은 안 어울려.', '그 디자인은 뚱뚱해 보여.' 하고 한 마디라도 하면 99%가 구입하지 않습니다. 그래서 여성과 함께 오는 남성고객에게는 우선 여성분의 취향을 묻고 마음에 들 만한 옷을 권해드립니다."

이 이야기를 듣고 나는 '이렇게까지 여성의 결정권이 강해졌나?' 하고 생각했다. 남성용품의 업종에서까지 '여성의 의견이 매상을 좌우한다.'는 것이다.

사실 현재 우리나라에서는 가정에서 필요한 모든 물건을 여성이 선택하고 결정하는 경우가 대부분이다.

아이들의 간식에서부터 옷, 문구, 남편의 양말, 치약까지 거의 여성이 구매한다.

현명한 주부라면 예산을 짜서 가계부를 정리하며 가계를 관리한다. 돈을 벌어오는 남성에게 자유롭게 쓸 수 있는 돈은 용돈 정도에 불과하다.

이처럼 실제로 지갑을 쥔 것은 여성이다.

벌기 바쁜 남성, 쓰기 바쁜 여성

불황이라 불리는 요즈음, 일을 해 돈을 벌고 가족을 부양하는 것은 그리 쉬운 일이 아니다. 그리하여 출근시간이 되면 피로에 지친 가장을 흔히 보게 된다. 그렇게 피곤해서야 '두부는 ○○네 집이 맛있으니 거기서 사야지.', '가을이 되면 옷 한 벌 장만해야지.'하는 등의 구매의욕이 여성만큼 끓어오르지는 않을 것이다.

그럼에도 불구하고 여성은 활기가 넘친다. 수다스럽기도 하고 외출도 잘한다. 점심때 전철 안에서 큰소리로 이야기하는 것은 대부분 여성들이다.

이런 상황을 보면 '남성은 벌기 바쁘고, 여성은 쓰기 바쁘다'는 말을 절실히 실감한다.

물론 여성도 돈을 벌고 남성도 쓰기는 하지만 남성은 '얼마나 버는가'로 평가되는 반면 여성은 '어떻게 쓸까'로 능력이 평가되므로 쇼핑에 보다 시간이 많이 걸린다.

그래서 물건을 살 때 여성의 센스에 판단을 맡기는 것이 자신이 판단하는 것보다 실수가 적고 편하다고 생각하는 것 또한 남성의 본심이 아닐까?

다시 말해 여성은 남성의 쇼핑에도 영향을 주어 가족의 구매결정권을 쥐고 있다는 것이다.

따라서 여성의 마음을 사로잡지 않으면 앞으로 더욱 영업을 하기가 힘들어질 것이다.

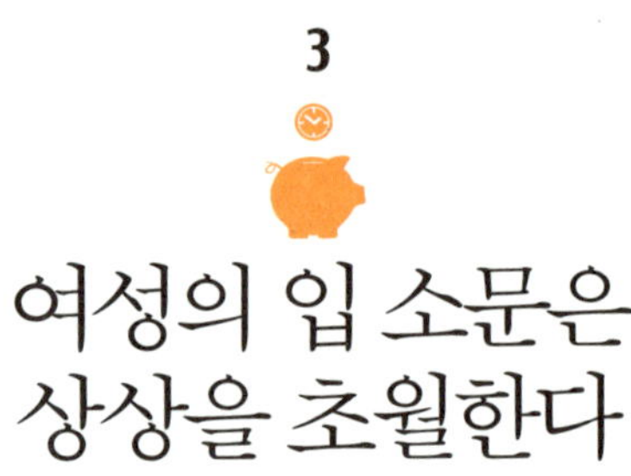

여성의 입 소문은
상상을 초월한다

방심은 금물, 발 없는 말이 천 리 간다

여성에게 '수다'는 인간관계를 맺는 데 있어 매우 중요하다. 남성과 비교하면 가족과 친구, 이웃은 물론 별로 친하지 않은 사람과도 말하는 횟수와 시간이 길어지는 경향이 있다.

그럼 별로 친하지 않은 사람과 말할 때 부담이 없는 화제는 무엇일까?

당연히 '매장이나 상품에 관한 정보'이다.

전철을 탔을 때 나는 자주 승객들을 관찰한다. 특히 여성들끼리

모이면 어떤 이야기를 하는지 흥미롭게 보고 있다(물론 깊이는 알 수 없지만). 그럴 때면 재미있는 점을 발견한다. 여성이 적은 경우는, 예를 들어 2~3명의 경우에는 화제가 연애나 일, 혹은 가족에 대한 것 등 자신이 처해 있는 상황의 것과 기쁜 일이나 고민거리 등을 이야기하는 경향이 있다.

한편 여성이 6~7명 이상의 단체가 되면 어느 온천이 좋았느니, 어떤 건강식품이 효과가 있느니 하는 화제가 되기 쉽다.

이유는 이야기 상대가 늘어나면 늘어날수록 상대와 친해질 수 있는 확률이 떨어지기 때문이다. 그런 사람들에게 사신의 일을 말하려면 주변상황부터 이야기하지 않으면 안 되고 너무 가까운 사람이 등장하는 이야기가 나오면 누군가의 기분을 상하게 할지도 모른다. 그러므로 다수의 여성이 모였을 때는 어느 매장이 마음에 든다는 등의 이야기가 별로 지장이 없는 것이다.

이와 같은 화제는 '좋은 정보'가 되므로 듣는 사람도 어느 정도 흥미를 가질 수 있고 상대를 잘 모르더라도 이야기를 진행하는 데 지장이 없다. '누구누구는 무엇이 좋다고 하더라.', '사 보았더니 정말 좋더라고.' 하면서 가르쳐준 사람에게 감사를 표하거나 하면 이야기는 한층 분위기가 살아날 것이다.

다시 말해 좋은 물건을 산 경험과 나쁜 물건을 산 경험의 이야기는 다수의 여성이 모이는 장소일수록 화제가 되기 쉽다고 생각하는 것이 좋다.

이렇게 여성이 말하는 구매정보는 엄청난 속도로 전달된다.

한편 전철 등에서 관찰하노라면 남성들은 업무관계의 만남일 경우에는 역시 업무에 대한 이야기가 대부분이다. 그 외 20세 이상의 남성들끼리 모여 이야기를 하는 광경은 별로 볼 수 없었다.

또 남성과 비교해 여성은 '느낀 것을 누군가에게 말하지 않으면 안 되는' 성질이 있다. "좀 들어 봐."하고 말을 거는 것은 대부분 여성들이다. 쇼핑 중에 불쾌감을 느꼈으면 그것도 말하지 않고는 못 견딘다. 직접 매장에 불만을 말하면 좋겠지만 아무 말도 없이 있다가 다른 곳에 가서 그런 불쾌한 경험을 이야기하는 것, 그것이 가장 무서운 일이다.

최근에는 그 자리에서 항의하는 여성도 늘었지만 대부분의 여성들은 타인과 대립하는 것을 피하는 경향이 있다. 따라서 직접 항의를 하지 못한 여성일수록 억울함을 다른 사람에게 호소하는 것일지도 모른다. 이것을 깨닫지 못하는 것은 무서운 일이다.

마당발 여성들

여성이 쇼핑을 할 때는 누군가와 함께일 경우가 많다.

남성끼리 쇼핑하는 광경은 거의 볼 수가 없지만 여성의 경우 여

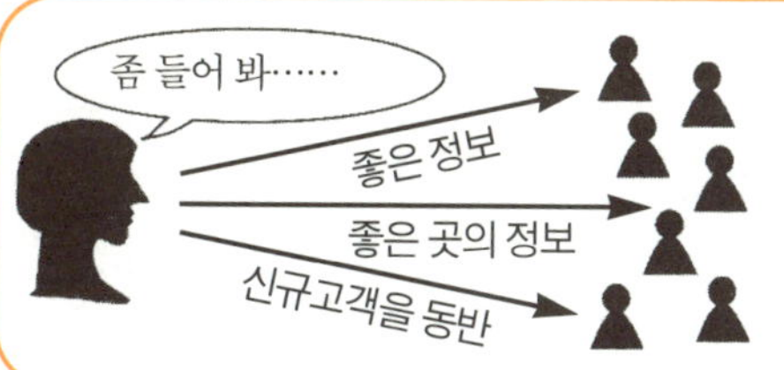

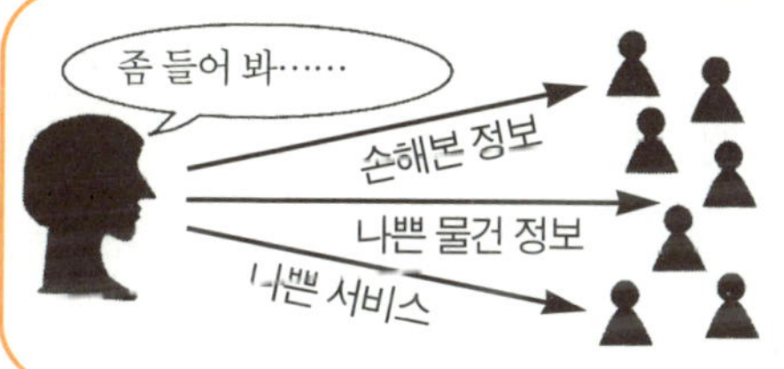

러 경우가 있다. 친구와 간다거나 아이들, 혹은 어머니나 남편과 등 여성은 꼭 누군가와 함께 쇼핑을 한다.

친구 등과 쇼핑을 할 때 자신이 모르는 좋은 곳을 가게 되면 '다음에는 혼자 와봐야지.' 하고 생각한다.

그리고 어머니와 함께 다니던 곳은 자신이 직접 구매를 하지 않았어도 익숙해진 곳이므로 언젠가 어머니 연령이 되어 찾게 되기도 한다. 어머니의 센스를 신뢰하고 있는 경우에는 특히 그렇게 될 것이다.

이와 같이 '여성고객의 영향력'에서 벗어날 수는 없다.

최고의 광고 매체는 '바로 옆'에 있다

어떤 업종이라도 여성고객에게 호감을 사 번창하는 곳이라는 공통점이 있다. 쉽게 말해서 '여성 직원이 자신의 매장 물건을 기꺼이 사는 곳'이라는 것이다. 여성 직원이 구매한다는 메리트는 단순히 물건이 팔린다는 것만이 아니다. 실은 '여성 직원은 강력한 소문의 발신지'인 것이다.

이전에 내가 살던 곳에 제과점이 두 곳 있었다. A제과점은 번창하고 B제과점은 한산했다. 상품의 가격 차이도 거의 없고, 맛 또한 별 차이가 없었다.

내가 A제과점에서 아르바이트를 하는 친구와 만났을 때의 일이다.

"너, A제과점에서 아르바이트한다며?"

"응, 제과점이라 출근시간이 빨라서 처음에는 힘들었어. 그런데 아침마다 주인아주머니가 손수 맛있는 아침식사를 준비해 주셔. 휴식시간에 함께 식사를 하면서 여러 가지 이야기를 해. 보수가 많은 것은 아니지만 재미있어. 그리고 우리 크림빵 정말 맛있다. 먹어 봤니?"

"아니."

"항상 금방 다 팔려. 하지만 2시 반쯤에는 살 수 있어. 다음에 한 번 먹어 봐. 정말 맛있어!"

A제과점의 경우 주인이 얼마나 괜찮은 사람인지 사석에서도 광고가 되고 있었던 것이다. 직원들은 광고라는 생각이 없었겠지만 듣는 사람은 '종업원들에게 그렇게 잘해 주다니 정말 좋은 매장이네. 그렇게 종업원에게 잘해 주는 곳이라면 상품도 좋을 거야.'라는 인상을 갖게 된다.

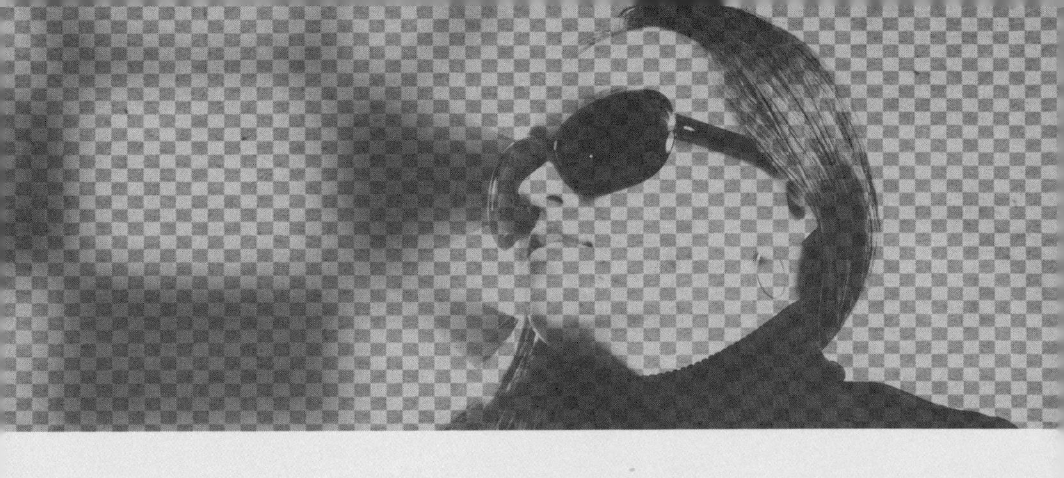

2장

여성고객과
남성고객의
차이점

여성의 꿈은 '사랑받기',
남성의 꿈은 '승리'

여성의 쇼핑은 사랑받기 위해서

이 책의 주제가 '여성고객의 마음을 사로잡자'이므로 그 전제로 써 우선 '여성'과 '남성'의 차이를 파악해 두는 것이 중요하다.

그럼 구체적으로 여성과 남성은 어떤 점이 다를까?

본 장에서 알아보기로 하자.

일반적으로 여성에게 있어 가장 중요한 것은 '타인에게 사랑받는 것'이다. 타인에게 사랑받을 능력이 없으면 자신이 원하는 상대와 결혼도 할 수 없고 가정에서도 서먹서먹하다. 이웃이나 동료들과의 대화에서 고립되기도 한다. 하지만 가정 이외의 인간관계가 있다면 곤란할 때 도움을 받을 수도 있다.

남성은 어릴 적부터 '이기는 것'에 얽매이는 환경에 처해 있다. 남자아이들의 놀이에는 승패와 서열을 매기는 것이 많다. 딱지치기와 인터넷게임에도 승부가 있다. 여자아이들도 인터넷게임을 하지만 소꿉놀이나 인형놀이 등 여자아이들의 놀이에는 승부가 없는 것이 대부분이다.

이처럼 남녀는 처해진 환경 때문에 중요시 여기는 것이 달라진다. 여성의 '쇼핑'도 '사랑받기 위해서'라는 목적에 기준을 두고 있다고 생각하면 그 원리를 보다 확실히 이해할 수 있다.

'안심', '목적', '흥분'의 삼박자법

여성이나 남성이나 보다 더 잘살기 위해 필요한 자질을 키워왔다. 그것이 여성에게는 '사랑받은 것'이고 남성에게는 '승리하는 것'이다.

이 차이를 확실히 인식하고 전략을 짜지 않으면 초점이 빗나가게 된다.

여성고객을 기쁘게 해주고 싶다면 여성고객이 의식적이건 무의식적이건 '사랑받고 있다'고 여길 만한 상황을 만들어야 한다. 여성이 사랑받고 있다고 느낄 때는 '사랑한다.'는 말을 들었을 때와 타인이 보다 더 자신을 소중히 여겨줄 때일 것이다.

그럼 여성고객에게 '당신을 사랑한다.' 하고 표현하려면 어떻게 해야 될까?

그것은 여성고객의 마음을 파악하고, 상품을 기획, 판매, 제안하는 것이다. '요구대로 들어준다.'가 아니라 한 발 앞서 '마음을 간파하고 해준다.'는 것이 포인트이다.

'마음을 간파'하기 위해서는 여성고객을 잘 관찰하고, 이야기를 듣고, '이렇게 해주면 좋아할까?' 하고 생각하지 않으면 안 된다. 이것은 시간이 걸리는 일이다. 하지만 그렇게 해서라도 마음을 읽어야 여성은 '나를 잘 이해하네.' 하며 좋아할 것이다.

한편 이러한 것을 실천하는 것이 얼마나 힘든지 여성고객은 잘 알 수 없으므로 '요구대로'만을 하면 오히려 당연하다고 생각하기가 쉽다. 인간관계에 민감한 여성고객은 상대를 파악하는 것이 당연하다고 생각하므로 말을 해주어도 모르는 매장과 상품은 아예 마음에서 떠나게 된다.

여성이 쇼핑을 하는 큰 목적은 '사랑받기 위해서'이지만 이외에도 여성은 여러 상황에서 여러 용도로 돈을 쓴다. 그러한 여성에게 잘 팔리는 상품과 매장을 관찰하여 그들 사이의 공통점을 발견했다.

여성이 돈을 쓸 때의 세 가지 조건 – 삼박자법

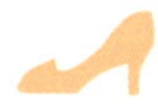

1 안심하며 살 수 있을 때.

업계에서는 상식적인 내용이라도 손님은 몰라서 불안을 느끼는 경우가 있다.

→ 세세한 곳까지 정보를 오픈한다.

2 목적이 있어 사려고 할 때.

상품의 질, 저렴한 가격은 이미 당연하다고 여기고 있다.

→ 「지금 사면 쿠폰이 2장」 등의 연출로 구매의욕을 부추긴다.

3 사는데 「흥분」할 때.

여성은 언제나 「뭐 재미있는 일이 없나……」 라고 생각한다.

→ 보고만 있어도 즐거운 매장 만들기.

안심

목적　　흥분

↓

이 세 가지가 여성고객의 「구매의욕」을 끌어낸다.

여성이 돈을 쓸 때는 위의 도표 세 가지 조건이 갖추어졌을 때이다. 이것을 필자는 '삼박자법'이라 부른다. 자세한 것은 다음 장에서 알아보겠지만 여기서는 우선 여성고객의 마음을 사로잡는 데는 이 '삼박자법'이 필요하다는 것을 이해해야 한다.

남성과
여성의 반응

남성과 여성은 민감한 반응을 보이는 대상이 다르다

일반적으로 남성은 지식을 관장하는 좌뇌(左腦)를 주로 사용해 사물을 판단하는 경향이 있다. 한편 여성은 좌뇌와 동시에 직감 등 무의식적인 것과 감정을 관장하는 우뇌(右腦)를 사용해 판단하는 경우가 많다고 한다.

다시 말해 남성과 여성은 민감한 반응을 보이는 대상이 다르다는 것이다.

여성은 인간관계를 형성하는 데 보다 더 가치를 두므로 눈길과

목소리 등 상대의 미묘한 변화도 읽어내지 않으면 안 된다. 게다가 아직 언어발달이 되지 않은 어린아이 등도 상대하므로 언어 이외의 옹알이 따위에서도 메시지를 얻으려 한다. 그러기 위해 항상 '오감'을 풀가동시켜 놓는다. 그리하여 흔히 '여성의 직감은 예리하다.', '바람을 피워도 금방 들통이 난다.'고 하는 것이다.

반면 예로부터 밖에서 사냥 등의 역할을 담당해온 남성에게서는 어떻게 하면 적을 이길 수 있을까 하는 '분석능력'이 뛰어나다.

적이 어느 방향에서, 얼마나 가까이 왔나, 어떻게 공격하면 이길 수 있을까 하고 이런 것들을 직감에 의한 판단이 아니라 수치 등을 이용해 정확하게 파악할 필요가 있었던 것이다.

그래서 상품을 판매할 때 여성에게는 오감에 호소하고, 남성에게는 분석능력을 쓸 수 있도록 이치에 호소하는 것이 보다 더 효과적인 것이다.

자신과 자신들의 생활에 직접적으로 관계가 있는 것

여성은 보호받는 입장의 역사가 길어서인지 외부환경의 변화에 대해 남성보다 관심이 적은 특징도 보인다. 즉 '자신과 자신들의 생활에 직접적으로 관계가 있는 것'이 아니면 별로 관심을 나타내

지 않는다. ‘그렇지만 유행 등에 민감한 것은 여성이 아닌가?’ 하고
생각할 수도 있다. 하지만 유행에 민감하거나, 연예인에게 관심을
갖거나, 동경하는 사람의 삶의 방식을 따르고, 외국에 대해 잘 아는
등의 것은 모두 ‘보다 나은 자신’이 되기 위한 정보원, 즉 ‘사랑받
는’ 자신이 되기 위해 필요한 것들이다. ‘보다 매력적인 여성이 되
기 위해’, ‘보다 매력적인 생활을 만들기 위해’ 도움이 되는 것에는
흥미가 있는 것이다.

한때 나는 TV의 정보 프로그램에 출연했는데 그때의 주제는 ‘타
임머신이 있다면 어느 시대로 가고 싶은가?’ 하는 것이었다. 방송
국에서 거리 인터뷰를 한 결과 남성과 여성의 답에 분명한 차이가
있었다.

대부분의 남성은 중세시대나 원시시대 등 현재의 자신과는 전혀
상관이 없는 시대를 선택하는 경향이 있었다. 반면 여성은 “3년 후
를 가보고 지금 자신이 선택해야 할 길을 결정하고 싶다.”, “아직
태어나지 않은 손자를 보고 싶다.” 등 ‘현재 자신과 관계가 있는
것’이 대부분이었다.

참고로 내가 “중세시대로 가고 싶다.”고 말하자 여성 스태프들
은 “그런 데 가서 어찌 하려고요?” 하며 반문했다.

‘중세시대로 가서 무엇을 해? 뼈 빠지게 고생이나 하지. 현재의
생활에 하나도 도움이 안 된다.’는 뜻인 것 같다.

다시 말해 여성의 반응을 얻기 위해서는 ‘자신’과 ‘자신의 생활’

이 좀 더 좋아지는 것에 관계가 있다는 생각이 들도록 표현할 필요가 있다는 것이다.

그러기 위해서는 물건이나 서비스를 열거하거나 진열하는 것만으로는 불충분하다. '어떤 용도이며 대상은 누구인가.' 등을 확실히 표현하지 않으면 안 된다.

참고로 남성은 적으로부터 몸을 지키기 위한 본능 때문에 환경의 변화와 낯선 물건에 민감하다. 때문에 무엇인가 잘 모르는 것이 놓여 있으면 반응을 보이는 경향이 있다.

그래서 나는 여성이 남성을 데리고 오는 경우가 많은 매장에는 남성을 위해 목적이나 정체가 불분명한 것을 일부러 가져다놓고, 남성이 신심해하지 않고 여성의 쇼핑이 끝날 때까지 기다릴 수 있도록 장치를 하고는 한다.

여성적 사고의 특징

여성의 사고는 '동시처리대응형'

일반적으로 말하면 남성의 뇌는 한 번에 하나의 것을 판단하고 처리하는 경향이 있다. 그리고 하나에 집중하여 판단을 내리면 다음 안건을 처리하는 '단계적사고'를 한다. 따라서 TV를 보면서 남의 이야기를 듣지 못하는 상황이 일어나기 쉽다.

한편 여성의 뇌는 한 번에 복수의 안건을 처리하는 경향이 있다. 예를 들어 저녁준비를 하면서 아이들이 위험하지 않도록 신경을 쓰며 TV를 보는 등의 것이다. 나는 이러한 사고의 특징을 '동시처리대응형'이라 부른다. 이 사고유형도 여성이 가사와 육아, 그리고 경

1 정보 동시처리 가능.

여성은 5감을 만족시킬 만한 연출과 표현으로 느끼고 기뻐한다.

2 동시에 정보를 처리하려 하기 때문에 자주 당초의 목적을 잊어버린다.

쇼핑을 할 때 최종적으로 무엇을 살지 정할 수 있도록 매장의 연출과 표현으로 도움을 주면 됩니다. 예를 들어 「고민하시는 분은 이 상품을」 등과 비슷한 상품을 정리하여 코너를 만들어 한 눈에 비교할 수 있도록 하는 것도 효과적이다.

3 실패하기 싫다는 의식이 강하므로 어느 정도 비교할 수 있게 고민할 시간을 주는 것도 중요.

타인으로부터 객관적 평가도 여성에게는 중요하므로 최종적으로 결정할 때 조언(이렇게 조합해 입으면 피부가 희게 보인다 등)을 하며 권하는 것도 효과적이다.

우에 따라서는 식량 확보라는 복수의 역할을 동시에 처리해온 결과라고 생각한다.

이와 같이 여성의 뇌는 항상 복수의 안건을 생각한다. 따라서 여성은 여러 가지 정보를 한꺼번에 받아들일 수 있는 특징이 있다.

단, 이 동시처리형의 사고유형은 사고가 분산되기 쉽다.

이 사고 방법의 특징과 처리법은 위 도표에 있으므로 참고하기 바란다.

여성이 생각하는 비교대상들

여성은 어떤 일을 판단할 때 그 판단의 기준이 되는 자료로써 직접적으로 별로 상관이 없어 보이는 것을 끌어들이는 경향이 있다. 이러한 것은 그야말로 인터넷에서 무엇인가 찾을 때 여기저기 다른 사이트를 들르게 되는 상황과 비슷하다.

예를 들어 어떤 주부들이 댄스 발표회에서 입을 의상을 사려고 했을 때의 일이다.

"예쁘게 입으려고 매장에 들렀더니 너무 비싸더라. 그래서 내가 직접 만드는 것이 저렴할 것 같아서 옷감을 사러 갔었어. 그런데 잘 생각해 보니 옷감을 사서 바느질하려면 힘들잖아. 할 수 없이 그냥 검은색 드레스를 사서 장식을 하면 간단하고 돈도 안 들 것 같아 결국 그렇게 했어."

여성의 쇼핑 경향은 같은 업종끼리 만을 비교하는 것이 아니다. 의상전문점이나 포목점과 같이 전혀 관계가 없을 것 같은 것끼리 비교하는 것이다. 원래는 전혀 경쟁상대가 아닐 것 같던 의상전문점과 포목점, 그리고 일반의상이 같은 선택권 안에 들어가 버린 것이다.

이와 같이 여성이 쇼핑에서 무엇인가를 선택할 때는 비교의 대상을 언뜻 보기에도 아무 관계가 없는 곳에서 끌어들이는 경우가 있다.

남성의 경우는 별로 없는 일이라고 생각되지만, 친구들과 좀 호화스러운 점심을 먹을지, 아니면 피부 관리실에 갈지, 또는 유행하는 스커트를 살지 등의 것이 비교의 대상이 되고는 한다.

때문에 장사를 하는 사람의 입장에서는 '대체 무엇을 어떻게 비교하는 거야? 우리 매장을 무엇으로 비교하는 거야?' 하며 당황해 할 것 같다.

하지만 걱정할 것 없다.

여성은 결국 자신과 자신의 생활이 어떻게 될지, 그 매력이 큰지 작은지 그것으로 정하는 것뿐이니까.

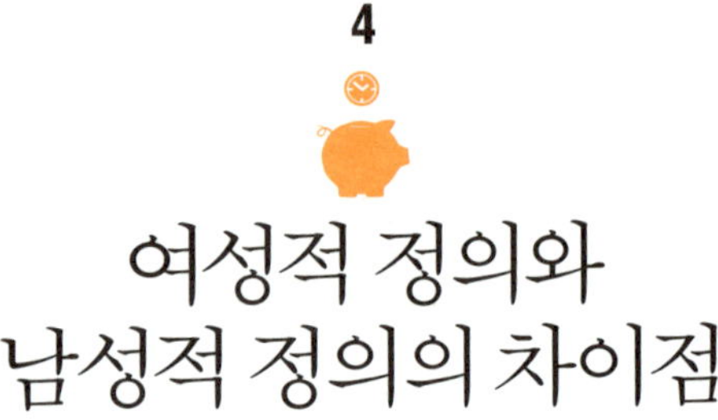

여성적 정의와
남성적 정의의 차이점

**'거들지 않고', '눈치 없고',
'도움이 안 되는' 식의 태도는 치명적**

여성에게는 당연한 것이라도 남성에게는 불필요하게 보이는 것이 있다. 예를 들어 여성은 쇼핑할 때 직원들이 응대를 '적당히' 하는 것을 가장 싫어한다. 참고로 남성고객의 대부분은 '적당히'보다는 규칙의 위반에 더 화를 내는 것 같다.

'적당히'란 '할 수 있는데 하지 않는 것'이다. 그것은 '실력을 충분히 발휘하지 않는다.'는 것이므로 더 나아가서는 '아무렇든 상관없다고 생각한다.'고 표현하는 것이다. 타인에게 사랑받으며 좋은 인간관계를 만들고 싶어 하는 여성에게 '아무렇든 상관없다.'는 식의 태도만큼 용서 못 할 일은 없다.

매장 안에서 보여지는 '적당히'를 알기 쉽게 말하면 '거들지 않는다.', '눈치가 없다.', '도움이 안 된다.'는 것이다. 매장 직원 간에도 다른 사람이 바쁜데 '거들지 않고', '눈치 없고', '도움이 안 되는' 여성을 가장 싫어한다. 하물며 손님을 대하는 경우에 조금만 신경을 쓰면 되는데도 불구하고 '거들지 않고', '눈치 없고', '도움이 안 되는' 식의 태도는 치명적이다.

'적당히'와 반대로 '바로 대응해준다.'는 것은 여성에게 있어서 '당신은 중요한 사람이므로 바로 대응해준다.'라는 것을 의미한다. 이것은 타인의 호의를 받기 바라는 여성에게는 즐거운 대응이다.

한편 남성은 단골매장 등에서 '나는 됐으니 다른 손님을 먼저 봐줘도 된다.'고 생각한다고 한다. 특히 음식점 등에서 흔히 볼 수 있는 광경이다. 하지만 여성의 경우에는 반대로 단골일수록 자신에게 확실히 대해 주기를 바라는 경향이 있다. 참고로 내가 본 한도에서는 다른 손님의 접대를 하는 직원을 부르려 하는 사람은 압도적으로 여성고객이 많다.

극히 일부를 전체의 이미지로 확대시키는 여성고객

여성에게 있어 '작은 것'은 사물의 '본질'과 관계가 없는 것이 아니라 오히려 '작은 것에야말로 모든 것이 나타난다.'고 느끼는 경우가 많다.

한 여성복매장의 지점장은 멋쟁이에 센스 있게 옷을 소화하는 남성이다. 헤어스타일에도 신경을 쓰고 손수건, 벨트, 때때로 모자나 우산, 가방의 코디도 훌륭하다. 게다가 미남이어서 직원들은 물론 여성고객에게도 주목받는 존재이다.

어느 날 매장 앞에서 여성고객들끼리 하는 이야기가 들렸다.

"저 사람(지점장), 괜찮지 않아?"

"그래, 하지만 그 사람 귀 봤어?"

"귀가 왜?"

"귓속에 귓밥이 가득했어. 겉모습은 그럴싸한데 실은 좀 지저분한 것 아냐?"

"정말! 그랬구나."

그 후 두 여성고객은 왠지 그곳을 피하는 듯한 인상이었다. 하지만 사실 지점장은 귀 청소를 하지 않은 것이 아니라 건조 증상으로 피부가 벗겨져 귓밥으로 보였던 것이었다.

실제로 제아무리 귀가 지저분하더라도 그게 자신의 쇼핑에 얼마나 중요한 영향을 끼칠까? 그보다는 상품의 지식이나 센스가 있다

여성심리의 기본
사랑받으며 좋은 인간관계를 쌓는 것.

1 「적당히」—할 수 있는 데도 하지 않는 것.

「아무래도 좋다」는 취급을 받는다고 느낀다.

2 바로 대응해 주지 않는다.

소중히 대해 주지 않는다고 느끼다

3 세세한 곳까지 신경을 쓰지 않는다.

작은 것이 나쁘면 전체를 나쁘게 느낀다.

는 점이 더 중요할 것이다.

한데 여성고객은 그런 중요한 능력을 따지기 전에 특정부분만으로 전체를 추측하고 판단해버리는 것이다.

여성은 '극히 일부를 전체의 이미지로 확대시켜 생각하는' 경향이 있다. 이 경우라면 '귀 청소를 하지 않았다…… 지저분하다.'로 성립되어 버리는 것이다. 이것은 매장과 상품에 있어서도 마찬가지이다.

　이 원리를 역으로 응용해서 멋진 이미지를 상상하도록 연출함으로써 여성을 기쁘게 하는 일도 가능하다.

여성이 받는
스트레스의 원흉

항시 바쁜 여성의 마음

여성이 남성보다 실제로 바쁜지 아닌지는 별도로, 여성은 무엇인가에 대해 선택을 해야 할 경우 남성보다 고민하는 시간이 긴 경향이 있다. 따라서 별로 바빠 보이지 않는 여성이라도 마음속으로는 그 선택을 하기 위해 바쁜 것이다.

이와 같이 여성의 마음은 항상 바쁜 상태이다. 그것은 다음과 같은 이유에서이다.

① 여성은 선택의 폭이 넓어서 마음이 바쁘다.

② '좋아하는 것'을 하기 위해 마음이 바쁘다.

③ '고집'이 있어 선택의 결단을 위해 마음이 바쁘다.

남성이 많은 시간을 소비하는 '업무'의 세계에서는 무엇이든 기한이 정해져 있다. 그리고 그 기한 내에 최고의 결과를 요구한다. 따라서 기본적으로 '내 마음은 어떤가.'하는 관점은 제외하고 '어떻게 해야 하나.'로 판단한다.

한편 여성은 업무를 하든 안 하든 관계없이 '나는 어떻게 하고 싶은가.'를 항시 우선하는 경향이 있다.

패션을 선택하는 데도 남성처럼 어떤 색의 양복을 입을까를 선택하기 전에 여성스럽게 스커트를 입을지, 아니면 멋있게 바지를 입을지 등에서 시작해 검정계통의 코디를 할지, 꽃무늬로 할지 이런 식으로 선택의 폭을 넓혀가는 것이다.

이것은 패션에만 국한된 것이 아니다. 가족의 일, 자신의 일(결혼을 해야 할까, 일을 할까, 아이를 낳을까 등), 친구의 일, 이웃의 일, 집을 구입할까 말까 등 여러 가지의 것에 대해 '자신은 결국 어떻게 하고 싶은지'를 결정하지 않으면 안 된다.

그리고 그러한 것들에 '고집'을 보여 더욱더 시간이 걸린다. 따라서 그때 '이렇게 하면 원하는 생활을 누릴 수 있어요.'하는 전문가의 한 마디면 여성고객의 마음을 확 끌어버릴 수 있다.

52

규칙을 지키는 것보다 상대의 마음을 존중하는 것

여성은 남성과 비교해 어릴 때부터 경쟁과 규칙의 엄격함에 익숙하지 않다. 예를 들어 '소꿉놀이'를 해서 엄마의 역할을 하고 싶은 사람이 두 명이 있다고 하자. 남자아이들이라면 가위 바위 보로 정하지만 여자아이들의 경우는 억지로 가족을 둘로 나누어 두 명 다 엄마의 역할을 한다고 한다.

다시 말해 남자아이들은 규칙을 지키는 것을 중요시하지만 여자아이들은 규칙을 지키는 것보나 상대의 마음을 존중하는 것을 우선한다고 한다. 그래서 경우에 따라서는 규칙을 변경하는 것도 꺼리지 않는다.

이런 배경이 있어 어른이 되어서도 여성은 '규칙이기 때문에' 하고 거절당하는 것을 참을 수 없는 것이다.

한 여성고객 앞으로 보석상의 쿠폰이 도착했다. 쿠폰을 지참하면 경품을 준다는 내용이었다. 그래서 그 보석상을 찾아갔지만 깜박 잊고 쿠폰을 가져오지 않았다.

자신이 가져오지 않았으므로 경품을 포기하는 사람도 있지만 개중에는 "가져오지 않았지만 쿠폰은 왔어요." 하며 주장하는 사람도 적지않다.

"규칙에 위반되니까 경품을 드릴 수 없다."하고 말하면 대부분의 여성고객은 다음과 같이 응수한다.

"이 매장, 정말 치사하네."

'자신이 잊었다. 규칙위반이므로 할 수 없다.'는 것보다 '이 매장은 왜 이렇게 융통성이 없는 거야.' 하며 반발하는 것이 여성고객이다.

즉 여성고객을 대할 때는 '규칙이지만 획일적인 취급은 하지 않는다.'는 자세가 필요하다.

그러므로 규칙위반에 관해서는 '규칙을 지키는 것이 득이다.' 라고 내세울 방법이 필요하다.

그리고 매장의 규칙이 손님을 위한 것이라는 것을 확실하게 전달하지 않으면 바로 규칙이 깨지므로 주의할 필요가 있다.

	남 성	여 성
1 가장 좋아 하는 것	승리하는 것.	타인에게 사랑받는 것.
2 사물을 판단할 때 이용하는 것	분석능력.	오감(五感).
3 외부환경의 변화에 대해	관심이 많다.	자신에게 직접 관계 있는 것에만 관심이 있다.
4 사고의 방법	스텝 사고.	동시처리대응형 사고,
5 화나는 일	규칙위반.	적당히 대하는 것.
6 「단골가게」의 적절한 대응	자신은 나중이라도 상관없다.	바로 대응해 주기를 바란다.
7 「세세한 것」에 대한 대응	아무래도 좋다.	전체의 이미지로 확장해 생각한다.
8 결정을 할 때의 우선 사항	상황적으로 어떻게 할까.	자신이 어떻게 하고 싶은가.
9 「규칙」에 대한 생각	지키는 것이 중요.	규칙보다는 상대의 마음을 존중하는 것이 우선.

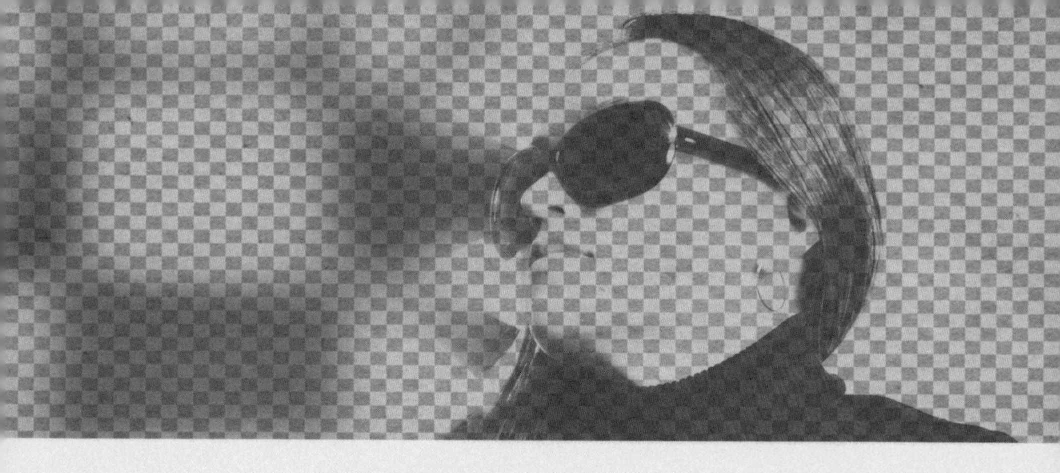

3장

여성고객의 '마음' 어떻게 간파해야 하나

'기획하고, 실행하고, 검증하는 것' 으로는 여성고객의 마음을 알 수 없다

'마음을 헤아려 공감해 주는 것'

여성에게 가장 기쁜 일은 '마음을 헤아려 공감해 주는 것'이다. 여성의 특징으로 자주 거론되지만 여성은 '공감'만을 구하고 상대에게 '해결방법과 조언'을 구하지 않는 경우가 많다.

특히 '말하지 않아도 헤아려준다.'는 것에 여성은 기쁨을 느낀다. '무엇을 원한다.'고 한 적이 없는데 애인이나 남편으로부터 바라던 것을 받으면 매우 감격한다. 이것은 '무엇을 해 달라.'는 여성의 요구에 응하는 것이 아니라는 점이 포인트이다.

'말하지 않았는데 헤아려준다.'는 것은 '자신에 대해 항상 신경을 쓰고 있다.'는 것이 되므로 '자신이 사랑받고 있다.'는 증거가 된다. 앞장에서도 말했지만 여성에게 '사랑받고 있다.'는 느낌은 매우 중요한 일이다.

다시 말해 여성고객을 기쁘게 하려면 우선 '헤아려주자.'고 생각하는 것이다. 그리고 '이렇게 해주면 기뻐할까?' 하며 생각하고 실행하는 것이다.

"○○ 해줘."리는 밀을 듣고 실행하는 것은 여성고객을 기쁘게 할 수 없다. 왜냐하면 여성고객이 무잇인가를 요구할 때는 상대가 헤아려주는 것을 이미 포기한 상태이기 때문에 제아무리 요구한 대로 해준다고 해도 그다지 기뻐하지 않는다. 여성에게 인기가 없는 남성은 여성의 요구를 그저 들어주기만 하고 여성을 잘 관찰하며 '이렇게 해주면 기뻐할까?' 하는 생각을 하지 않는다.

상품이나 매장을 만들 때도 이 원리는 마찬가지이다. 여성고객이 '이러기를 바란다.', '저러기를 바란다.'고 할 때는 이미 늦었다. 그러므로 우선 여성고객을 '헤아린다.'는 것부터 시작하지 않으면 안 된다. 여성고객의 마음을 '헤아리기' 위해서는 여성고객을 잘 '관찰'하는 것이 필요하다. 그리고 작은 가설을 세워 '실행'하고 '검증한다.'는 순서가 된다.

자주 '기획하고, 실행하고, 검증하라.'고 하는데 여성고객을 기쁘게 하기 위해서는 실은 순서가 반대이다. 즉 다시 말해 '보고, 실행해 보고, 규칙화해야 하는' 것이다.

여성고객의 진심을 파악하라

한 의류품매장의 지점장으로부터 상담을 받았다.

"예쁘고 놀랄 정도로 싼 앞치마를 대량으로 구매할 수 있어서 가장 좋고 넓은 곳에 진열했어요. 틀림없이 폭발적인 인기가 있을 거라고 생각했는데 잘 팔리지 않았어요. 왜 그럴까요?"

상품을 보니 한 장에 2,800원. 당시 그 상권에서 그 가격이라면 정말 싼 가격이었다. 게다가 상품도 2,800원이라고는 생각조차 할 수 없을 정도로 예뻤다. 상품을 보고서는 원인을 알 수 없었기 때문에 매장의 여성고객에 섞여 정황을 살펴보았다.

잠시 후 40대 주부 2명이 앞치마를 손에 들었다.

"이 앞치마 정말 싸네. 살까?"

"하지만 잘 봐. 귀엽긴 하지만 폭이 너무 좁아 불편하겠어."

"그렇겠네, 관둬야지."

이 이야기를 지점장에게 전했다.

"여성고객은 그런 것까지 신경을 쓰는군요. 항상 싸고 예쁜 앞치마가 잘 팔려서 그런 물건을 준비했는데…… 여성고객을 잘 관찰하

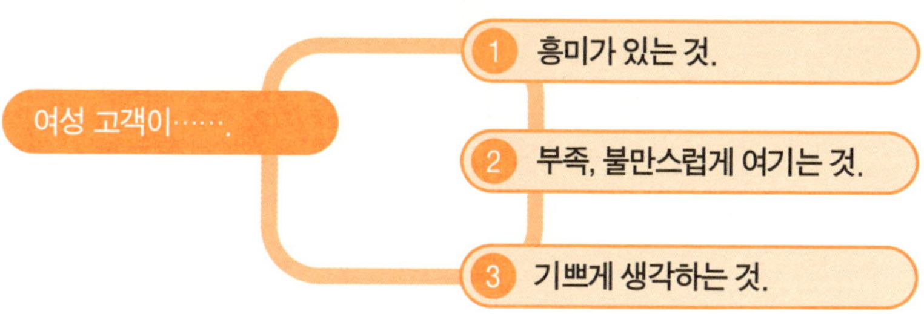

지 않으면 안 되겠군요."

지점장은 반성을 했다.

그 후 지점장은 그 앞치마를 학생용으로 판매해 얼마 안 되어 전부 팔았다. 그리고 그 후로는 다른 지점에 근무하는 분이 손님들 속에 섞여 손님이 어떤 식으로 물건을 선택하는지 관찰하게 되었다.

여성고객에게 "무엇이 필요합니까?" 하고 물어봐도 명확한 대답은 들을 수 없을 것이다. 스스로 무엇이 필요한지 모르고 오히려 질문을 당해 진심을 말하지 못하는 경우도 있다.

그러므로 평소 여성고객에게 이야기를 하거나 질문을 하는 사이 '관찰'을 해두지 않으면 안 되는 것이다.

여성고객과의 '관계형성'

물건은 좋은데 팔리지 않는 이유

품질이 매우 좋고 가격도 적당한데 왠지 잘 팔리지 않는 상품을 자주 볼 수 있다. '이렇게 질이 좋은 물건이 왜 팔리지 않을까?' 하고 고민하는 대부분의 경우 공통점이 있다. 그것은 한마디로 '여성고객과의 관계형성이 서툴다.'는 점이다. '물건은 좋은데 팔리지 않는다.'는 고민은 '물건이 좋으니 가만히 있어도 팔린다.'는 '기다리는 자세'에서 생겨난다.

도예점에서 몇 백만 원씩이나 하는 도자기가 아무런 해설도 없이 그저 놓여 있기만 한 광경을 볼 수 있다. 이것은 말하지 않아도 알 수 있는 사람들을 상대로 판매를 할 경우 가능한 것으로 이것과 마찬가지라면 폭넓은 여성고객의 지지를 얻을 수 없다. 왜냐하면 앞에서 말한 바와 같이 여성고객은 자신에게 관계가 없다고 생각하는 것에는 흥미가 없기 때문이다.

남성의 경우라면 관심범위가 아니라도 '모르는 것'이나 '이상한 물건'이 있으면 '무엇일까?' 하며 흥미를 나타낸다. 특히 움직이는 물체에 대한 반응은 여성보다 빠르다는 실험결과도 있다.

여성고객과 '관계형성'이 되는 예를, 노예섬을 통해 알아보겠다.

어떤 여성고객이 찻잔과 주전자를 보고도 별로 관심이 없어 그냥 지나쳤다. 하지만 어느 날, 매장의 쇼윈도에 '달의 정취에 취하다'라는 제목으로 달밤의 정취를 만끽할 수 있는 듯한 도자기가 놓여 있었다. 그 여성고객은 이제껏 관심에도 없었던 도자기가 갑자기 갖고 싶어졌다고 한다.

이것이 '관계형성'의 제1보이다.

여성고객과의 '관계형성'에서는 이하의 2가지가 중요하다.

① 우선 여성고객에게 흥미를 끌자(자세한 것은 4장~5장).
② 여성고객이 '안심'할 수 있도록 하자(자세한 것은 다음 항목에서).

이렇게 해서 구매로 이어지는 것이다.

여성고객에게 흥미를 불러일으키려면 어떻게 하면 좋을까? 상세한 기술의 설명은 4장과 5장에서 하기로 하고 여기서는 대원칙을 알아보겠다.

① 여성은 남성에 비해 분석보다는 오감으로 판단한다.
② 여성은 이야기를 좋아한다.

①에 대해서는 예를 들어 허브의 효능을 호소하는데 데이터나 수치를 나열하는 것만이 아니라 일러스트를 넣거나 효과가 있을 것 같은 향기나 색으로 표현하는 것이 중요하다는 것이다.

②에 대해서는 여성은 특히 '말을 거는 것'을 좋아한다고 생각하면 좋을 것이다.

예를 들어 신사복매장도 최근에는 주부에게 인기가 없으면 판매가 부진한 상황에 처해진다는 것이다.

한 양복점에서는 여성고객이 좋아하도록 양복의 '특성'을 알기 쉽게 표현했다. '청량감 양복', '모 소재', '형상 기억' 등의 간결한 말이 상품에 덧붙여져 매장 안은 온통 표어로 가득했다.

이와 같이 간결하고 알기 쉬우며 길게 쓰지 않는 표현을 남성지점장은 자주 쓴다. 그러나 이와 같이 해서는 별로 도움이 되지 않는다.

물론 알기 쉽게 표현하는 것도 중요하다. 그러나 딱딱한 단어를 열거하는 것보다는 '말을 거는' 듯한 표현이 여성의 흥미를 자극한다.

그 지점장은 조언대로 "알고 계시나요? 모 소재는 ○○효과가 있어서……." 하는 말로 바꾸었더니 금세 매상이 40%가 오르게 되었다고 한다.

여성에게 상품을 '흥미 있노록' 보이기 위해서는 오감(색, 모양(디자인), 소리, 냄새, 감촉)으로 눈길을 끌고 말로써 의미를 부여해야 한다. 즉 여성이 흥미 있어 하는 것으로 바꾸는 식의 '관계형성' 과정이 필요한 것이다.

안심이 안 되면
사지 않는다

친근감을 주는 기술

여성고객은 상품에 매력을 느껴도 '좋았어, 이거면 됐어.' 하고 생각하지 않으면 지갑을 열지 않는다.

다시 말해 '불안'한 점이 가격보다 높다면 결코 구매하지 않는다.

구두쇠인 여성이 1,000원 매장에서 충동구매를 하는 것도 '1,000원이라면 크게 손해 볼 일이 없어.' 하고 생각하기 때문이다.

여성에게 있어서 '안심'이란 크게 2가지 의미가 있다.

① '친근감'이 든다.

② 구매할 때 이미 '불안' 등이 해소되어 있다.

그럼 먼저 ①의 '친근감'이란 무엇일까?

여성은 상품과 매장을 볼 때 '사람'과 접할 때와 마찬가지로 감각을 가진다고 생각하면 이해하기가 쉬울 것이다.

한 인테리어 회사에서 신문의 팸플릿을 만들기로 했다. 필자는 상품의 종류와 가격만으로는 효과가 부족하다고 생각해 사장과 영업사원의 캐리커처와 이름, 그리고 '나이와 혈액형, 별자리, 취미' 등 상품과 관계없는 정보를 넣도록 조언을 했다.

그리하여 그 회사의 영업사원이 연락을 받고 손님을 찾아가자 "A형의 사람이라면 일이 확실할 것 같아서요."나 "우리 아들과 동갑이네요.", "나도 등산이 취미예요."라는 이유로 "어느 곳에 부탁할까 고민했지만 이곳으로 정했다."는 여성고객이 대부분이었다고 한다.

이것은 어디든지 나이와 혈액형 등을 기입하자는 것이 아니다. 여성고객은 나이와 혈액형 등과 같은 단편적인 정보만으로도 '어떤 사람일까?' 하는 상상을 해, 신용할 수 있을까(좋은지 아닌지)를 직감적으로 판단한다는 것이다.

②의 '불안사항을 해소한다.'는 것도 중요하다.

쇼핑을 할 때 '불안'은 구매경험이 많으면 많을수록 커진다. 때문에 여성의 경우는 남성의 관점으로는 깨닫지 못했던 점검사항들이 많이 있다.

여성고객의 '불안'을 '안심'으로 바꾸는 데는 '쇼핑할 때의 불안사항에 항상 대처하고 있다는 것을 표현하는' 일이 중요하다.

예를 들어 '쇼핑한 물건이 무겁다.'고 하는 사람에게는 '물건을 배달해드리겠다.'나, '재료는 괜찮을까?' 하는 사람에게는 '이건 어디 사는 누가 100% 유기재배로 키운 것이다.' 등 상품과 서비스에 관한 정보를 제공하거나 실시하는 것이다.

또한 최근에 자주 느끼는 것은 '폭탄세일' 등을 할 때도 왜 가격이 저렴한지 확실히 표현하지 않으면 업종을 막론하고 반응이 그리 좋지 않다는 것이다. '싼 게 비지떡'이라는 속담도 있으니까.

① 싸게 팔 수 있는 이유는 무엇인가.
② 무슨 결점이 있는가.

이것을 확실히 전달하고 불안을 떨쳐버리게 하는 것이다.
한 회사 광고의 예를 들어 그 가격의 1/3의 가격으로 싸게 판매하는 경쟁업체가 있는데도 불구하고 이 세일은 통상 세일의 약 2배의 판매실적을 기록하였다. 게다가 주문은 대부분 신규 여성고객이며 당연히 충분한 이익을 남겼다. 이는 가격이 저렴할 뿐만 아니라 품질도 확실하게 표현했다는 것이 된다. 바로 성공의 요인이라 할 수 있을 것이다.

'여성고객의 관심'은
무엇인가

번창하는 매장의 3가지 포인트

여성고객이 어디서 어떤 물건을 살지는 기업과 매장의 대응 이외에 실은 '여성고객들 간의 관계'가 영향을 끼치고 있다. 이 브랜드상품 또는 이 매장이라면 자신이 '안심'하고 살 수 있을지 아닌지를 판단하는 데도 다른 여성고객이 영향을 끼치고 있는 것이다.

구체적으로 말하자면 3가지 포인트가 있다.

① 미녀는 남성뿐만이 아니라 여성고객의 눈길도 끈다. 그리고

여성고객이 모인다.

② 25세 이상의 여성은 실제 나이보다 젊게 보이고 싶어 한다. 따라서 자신보다 연상의 사람들이 자주 사는 상품이나 매장은 싫어한다.

③ 자신보다 센스가 있는 여성고객이 사는 상품과 매장은 마음 편하게 쇼핑할 수 있다.

①에 대해서는, 미녀는 질투의 대상이 되고 있지만 역시 선망의 대상이기도 하다. 남성뿐만이 아니라 여성도 미녀를 선망한다.

한 숙녀복매장에서는 웬만큼 날씬하지 않고서는 어울리지 않는 디자인의 옷을 판매하고 있었다. 그곳에서는 통상 매장의 안쪽에 있는 탈의실이 매장 입구 가까운 곳에 배치되어 있다. 실은 바로 이것이 커다란 포인트였다. 이렇게 함으로써 날씬하고 예쁜 여성이 탈의실에서 나오면 마치 모델처럼 서 있는 모습이 쇼윈도 밖에서 잘 보이는 것이었다.

미인이 가볍게 걷는 모습은 매장 밖에서도 매우 눈에 띄었다. 때문에 이 매장은 항상 고객들로 가득 찼고 그곳의 옷을 입기 위해 다이어트를 하는 여성이 있을 정도였다.

②에 대해서는, 특히 액세서리의 경우 여성고객은 자신과 나이 차가 많은 사람들이 사는 상품을 거의 사지 않는다.

나도 즐겨 찾는 숙녀복전문매장이 있다. 디자인과 기능성이 좋고 가격도 괜찮은 편이라 자주 들르는 편이다.

그러나 언제 가더라도 매장 내의 손님들은 나보다 15살 이상 많은 사람들뿐이었다. 그리하여 상품이나 서비스가 마음에 들었으면서도 발길을 끊었다. 자신보다 15살 이상 연상의 사람들과 같은 몸매라는 소리를 듣는 것 같아 기분이 좋지 않았던 것이다. 자신의 실제 몸매는 제쳐두고 여성의 심리는 한결같으니까.

따라서 젊은 손님으로 교체하기 위해서는 같은 물건이라도 상품의 라인을 달리 하는 것이 좋을 것이다. 구체적으로는 디자인이나 사이즈가 조금 다르다든지 포장을 바꾸는 등의 작업이 필요한 것이다.

또한 다르게 생각해 자신보다 젊은 사람이 구매하는 매장에서 쇼핑을 하는 것이 자신의 젊음을 나타내는 것 같아 안심으로 이어진다. 다시 말해 손님의 대상을 정하고 상품과 매장을 만들 때 나이를 느낄 수 있는 요소를 넣으면 안 된다.

③에 대해서는, 여성고객들은 자신보다 센스가 없어 보이는 사람들이 많은 매장에서는 쇼핑을 하고 싶어 하지 않는다. 실제로 서비스를 하는 종업원들도 마찬가지이다.

이와 같이 여성고객들 사이의 관계가 상품의 판매상황에 영향을 끼치고 있다.

그렇다고 일부 손님을 배제해서는 안 된다. 단지 '이미지고객'이 필요한 것이다. 활발한 멋쟁이 여성이 써주기를 바라는 상품이나

매장과 상품의 예상 타깃,
미녀, 센스가 있는 등 여성 중에서도
선망 받는 여성 이미지.
이 이미지는 나이를 느끼지
않게 하는 것이 좋다.

소개하는 사람이 많고
친구가 많은 등
매장에 손님을 끌고 와줄 손님.

예술을 좋아하고 나름대로의 센스를 지닌 여성의 매장이라는 이미지이다.

그런 이미지는 '예쁘고', '젊고', '센스 있는' 등의 여성고객에게 사랑받는 것일 필요가 있다. 이 '이미지고객'이 여성고객을 끌어 모을 것이다.

'이미지고객'과 약간 겹치지만 '매개고객'이라는 여성고객도 손님을 끄는 데 필요하다.

'매개고객'이라는 것은 친구나 대인관계의 폭이 넓고 주변여성들에게 영향을 끼치는 사람을 말한다. 상품과 매장이 마음에 들어 여성고객을 직, 간접적으로 끌어와 줄 것이다.

이런 여성고객을 이벤트에 참여시킴으로써 다른 여성고객에게 영향을 끼치게 할 수 있다.

'여성고객을 모으는 것은 여성고객'이다.

이 두 종류의 여성고객이 얼마나 많은가에 따라 매상이 결정된다.

여성고객을
매장의 주인공으로

여성고객 주연방법

이 항에서는 여성고객이 만족할, 다시 말해 한 번 오면 다시 오고 싶은 마음이 들도록 하기 위한 방법을 생각해 보겠다.

이 방법을 '여성고객 주연방법'이라 부른다. 이것은 손님이 말 그대로 주연이 된다는 취지이다. 조금 쑥스럽기는 하지만 사람은 누구나 자신이 주인공이 되는 것을 즐거워한다.

여성이 강해졌다고는 하지만 일반적인 호칭은 '엄마'이거나 '아줌마'로 개인의 이름을 불리는 일이 적다. 또한 자신이 주연이 되면

'자신을 소중히 생각해준다.'는 '안심'이 생기는 듯하다.

여성고객을 주연으로 만드는 방법에는 다음과 같은 것이 있다.

① 그 여성고객이 '주(主)'인 것을 항시 표현한다.
② 스포트라이트가 비추듯 무대를 설정한다.
③ 여성고객의 힘을 빌려 상품 만들기나 매장 만들기의 판촉을
  한다.

판단의 기준

①은 주로 서비스에 관한 이야기이다. 상품을 살 때에는 '이것을
사면 내가 어떻게 될까?'가 판단의 단위라는 것이다.

필자가 반지를 사려고 했을 때의 일이다. 나는 잡지 등을 조사해
괜찮은 곳을 돌아보기로 했다. 상품의 질, 디자인, 가격 등에서 1순
위인 매장에 갔다. 그곳에서는 50세가 넘은 베테랑 남성이 접객에
응했다. 그분의 상품지식은 다른 곳과 비교해 풍부했고 품질에 대
해서도 신뢰할 수 있다는 느낌이 들었다.

한데 그분은 상품설명에 너무 열중한 나머지 내 손가락조차 보
지 않았고, 또한 그 반지가 어울릴지 등에는 전혀 관심이 없었다.

계속 그 반지가 얼마나 훌륭한지를 열심히 설명해 주었지만 사고 싶은 마음은 없었다.

결국 나는 다른 곳에서 샀다. 그곳의 판매원은 나보다 젊었고 상품지식도 보통이었지만 내 취향에 어울릴 만한 것을 제대로 골라주는 사람이어서 반지를 사게 되었다.

상품을 팔고자 한다면 '상품'에 초점을 맞추는 것이 아니라 고객에게 맞추지 않으면 안 된다.

②는 '사람별, 기회별 기획'으로 주연이 될 부대를 만드는 것이 좋을 것이다. 주연이 되는 데는 이유도 필요하다. 스포트라이트를 비추는 이유를 만들어야 한다.

③은 여성고객이 힘을 빌려야 하는데 특히 상품이나 매장과 좋은 관계를 유지하고 있는 여성고객의 힘을 빌리는 것이 포인트이다.

한 예로, 나는 수공예품점이 일반세일로는 다른 곳과 차별화가 되지 않는다는 것을 알게 되었다. 그리하여 여성고객이 직접 매장에서 재료를 사서 만든 작품을 전시하여 판매함으로써 만든 손님과 수공예품을 좋아하는 손님 모두를 즐겁게 하는 것을 생각했다. 그 이벤트에 앞서 출품하는 여성고객의 의견을 듣고 친구들에게도 방문해 줄 것을 부탁했다.

이벤트 당일은 비수기로 매상을 올리는 것이 힘든 시기였지만 역대 최고의 이벤트 매상을 달성하는 쾌거를 올렸다. 왜냐하면 지금까지 온 적이 없었던 여성고객을 출품자(손님)가 불러들였던 것이다.

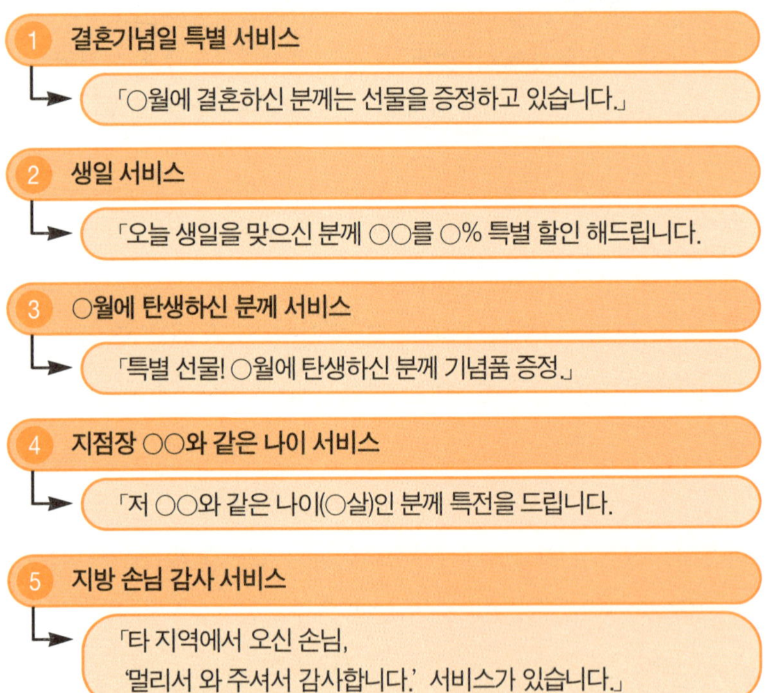

또한 이와 같은 발표의 장을 만들면 매장 직원들과 상관없이 여성고객끼리 친하게 되어 정보 교환을 통해 손님이 늘어나는 장점도 있다.

손님을 감동시키기 위해서는 어떻게 하면 좋을까?

한 가지는 깜짝 놀라게 하는 것이라고 생각한다. 구체적으로는 손님이 생각하지 않는 것과 기대 이상의 것을 하는 등을 들을 수 있다.

내가 체험한 예이다.

고객을 만나기 위해 공항으로 가고 있을 때였다. 보통 아침 6시에 집을 나와 버스를 타고 7시 10분까지 공항에 도착하지 않으면 지각을 하게 된다.

그런데 그날은 늦잠을 자 눈을 떠보니 6시 반이었다. 서둘러 집을 나섰지만 평소처럼 버스를 타서는 제시간에 도착할 수 없었다. 큰길까지 나가 택시를 타기로 마음을 먹었다.

큰길에 나서 공항방향으로 가려면 횡단보도를 건너 택시를 타지 않으면 안 된다. 횡단보도 앞에서 애를 태우며 신호가 바뀌기를 기다리던 순간이었다. 손을 들지도 않았는데 한 대의 택시가 멈추어 섰다.

나는 얼른 그 택시를 타고 기사 분에게 "어째서 택시를 세우셨나요?" 하고 물어보았다.

"매우 서두르고 있는 듯이 보였지만 반대 차선이라 부르지 못하고 있는 것 같아 세워보았습니다."

시속 60km 정도로 달려오면서 어떻게 알았는지 놀라지 않을 수가 없었다. 이야기를 해보니 기사 분은 경험이 3년 정도로 그전에는 무역회사에 다녀 해외에서 말이 통하지 않는 사람을 상대로 일을 했다고 한다. 그래서 상대를 관찰하는 능력이 뛰어난 것 같았다.

손님을 깜짝 놀라게 하는 것은 프로로서의 경험이 많고 적은 것이 아니라 상대를 헤아리는 마음이 중요하다고 생각했다.

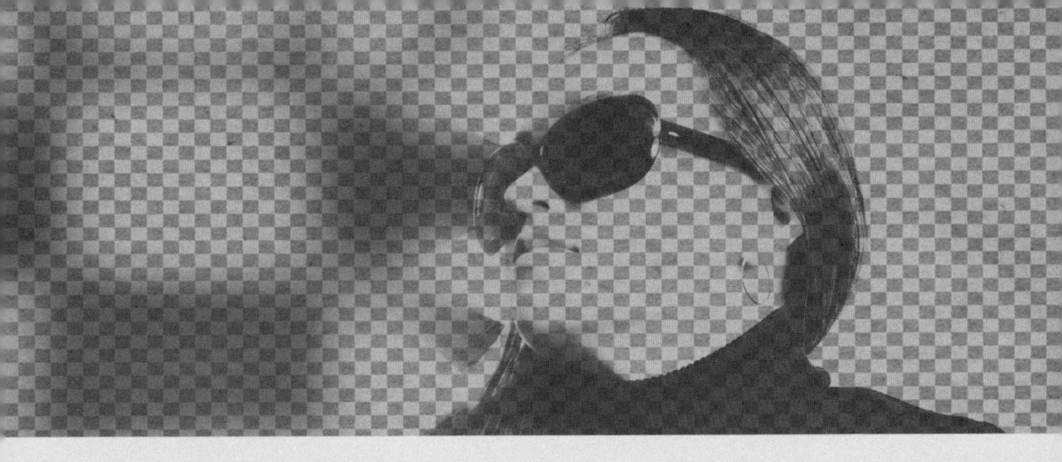

여성고객으로부터 '갖고 싶다'는 욕망을 끌어내는 방법

1

여성고객의 마음을
사로잡는 상품

상품의 활용방법

한 거래처의 수공예품 재료상의 사장님으로부터 "다른 곳에서는 조화가 잘 팔리는 것 같은데 우리는 잘 팔리지 않습니다. 여러 가지 이유를 생각해 봤지만 아무래도 잘 모르겠어요. 우리 매장은 조화가 어울리지 않나요?" 하는 상담을 받았다.

그 상품을 보니 특별히 다른 곳보다 가격이 높지도 않고 품질도 나쁘지 않았다.

하지만 한 가지 걸리는 점이 있었다. 그 매장은 '수공예를 하는

데 필요한 재료를 파는 곳'이므로 손님 대부분이 여성이었다. 그런 여성고객이 설명서를 보면서 손으로 조화를 만드는 것이다. 그래서 일까, 그 매장에는 완성된 작품의 견본을 하나하나 전시하고 있을 뿐이었다.

하지만 집에서 완성된 조화를 단지 하나만 장식하는 일은 거의 없다. 다른 종류의 조화와 조합하거나 바구니에 귀엽게 장식하거나 하지 않으면 방에 놓아두어도 전혀 어울리지 않는다.

그래서 사장님에게 이렇게 조언했다.

"사장님, 이 조화들을 조합한다면 어떻게 될지 샘플을 7개쯤 만들어 가장 눈에 잘 띄는 곳에 전시해 주십시오. 가능하면 어떤 곳에 놓으면 좋을지 설명하시고요."

"네, 하지만 그런 것은 스스로 생각하는 것이 재미인데요. 게다가 샘플만 진열한다면 모를까 놓는 곳까지 적어둔다는 것은…… 그리고 손님들도 각자의 취향이 있어서……."

사장님은 별로 내키지 않는 듯하였지만 조언한 대로 했다고 한다.

그리고 약 2주 후, 사장님에게서 전화가 왔다.

"솔직히 그렇게 해서 조화가 팔릴 줄은 몰랐습니다. 하지만 샘플을 만들어 전시해 보니 손님이 '이 샘플의 조화는 어떤 거죠?' 하며 그것과 똑같은 재료를 사가는 것이었어요. 손님 마음대로 자유롭게 고르는 것이 좋다고 생각했는데 그렇지 않네요."

그렇다.

여성고객을 상대로 한다면 '확실하게 그 상품의 활용방법'을 연상시켜 주는 것이 포인트이다.

'마음대로 조합할 수 있다.'나 '좋아하시는 곳에 쓸 수 있다.'는 식의 문구만으로는 여성고객에게는 친절이 아닌 것이다.

왜냐하면 '마음대로'라고 한다면 여성들은 스스로 생각하지 않으면 안 된다. 스스로 생각하고 싶은 여성들이라면 기뻐할 것이다. 하지만 대부분의 여성들은 아무리 자신이 흥미가 있는 것이라도 일부러 생각을 하고 싶어 하지 않는다.

'제안'과 '사용 견본'의 제시

앞서 말했듯이 여성들은 마음이 바쁘다. 그렇기 때문에 더욱 여성들에게 지지를 받고 있는 곳에서는 업종과 지역을 막론하고 '제안'과 '사용 견본'의 제시가 많다.

여성들은 '제안'받는 것을 좋아하지만 '사용 견본'이 없으면 이미지가 떠오르지 않는다. 그래서 이미지가 없으면 구매도 하지 않는다. 참고로 상상력을 자극하는 제안이란 다음과 같은 것들이 있다.

① 언제, 어디서 사용하면 좋을지 상상이 가능할 것.
② 어떤 것과 조합하면 좋을지 상상이 가능할 것.
③ 그것을 사용하면 왜 좋은지 상상이 가능할 것.

여성들이 '갖고 싶다'고 생각하는 것은 확실히 제안해 주어야
한다.

"좋아하시는 것을 골라주세요."가 아니라 "어때요, 이 상품 멋있
죠?" 하며 자랑삼아 제안해 보아야 한다.

여성의 '구매단위'

'구매단위'의 파악

여성고객은 '갖고 싶다'고 생각하는 것을 확실히 말한다. 바로 원하는 물건이 눈앞에 있을 때이다.

한편 남성고객은 여성고객과 비교해 원하는 것을 '찾아내는' 것에서 즐거움을 느끼는 경우가 많다. 따라서 역으로 남성고객을 기쁘게 하기 위해서는 '왜 이 상품이 이런 데 있을까?' 하는 식의 연출을 하거나, 언뜻 보아서는 무엇인지 잘 모르는 상품을 놓는 것도 효과가 있다. 그러나 이런 연출에 여성들은 거의 반응을 하지 않는다.

손님이 어떤 물건을 구입할 때는 머릿속에 떠올리는 상품의 목록을 '구매단위'라 부른다. 여성고객이 '갖고 싶다'고 생각하는 것은 '구매단위'가 자신에게 맞는 경우이다.

예를 들어 한 여성이 저녁식사 후 디저트로 사과를 사려고 생각했다고 하자. 그럴 때 그 여성은 사과 중에서도 1개에 3,000원 하는 고급사과와 1개에 800원인 보통사과가 진열되어 있는 것을 보고 어느 것을 살지 생각할 것이다. 이 경우 이 여성고객의 머릿속에 있는 것은 '사과'이므로 '사과'가 '구매단위'가 된다.

또 한 여성은 저녁식사 후를 위해 무엇인가 디저트를 사려고 생각했다. 그래서 그 여성은 과일을 살지, 아이스크림 등의 시원한 것으로 살지 몇 번이고 망설이고 있다. 이 경우의 '구매단위'는 '디저트'이다.

이와 같이 무엇인가 사려고 생각하고 머릿속에 떠올리는 단위를 '구매단위'라고 부르는 것이다. 이 '구매단위'를 제대로 파악하지 못하면 아무리 품질이 좋은 상품이라도 팔리지 않는 상황이 일어난다.

상품별 진열이 실패한 이유

한 거래처의 슈퍼마켓에서 상품별 월간 매상고를 보니 면류의 매상이 다른 상품과 비교해 크게 부진했다. 매장을 가보니 파스타는 면 코너에 있고 파스타 소스 캔은 통조림 코너에 있었다.

"사장님, 이 상품이 정말 여기에 있어도 되나요?"

"뭐가 이상한가요?"

"이러면 '오늘은 파스타를 먹어야지.' 하고 생각한 주부가 소면과 가락국수 등과 섞여 있는 면 코너 속에서 파스타를 찾아야 하잖아요. 게다가 소스를 스스로 만들려고 생각한다면 향신료 코너에 가지 않으면 안 되고, 통조림 소스를 고르려면 통조림 코너로 가지 않으면 안 되잖아요. 이렇게 사기 힘든 매장에 손님이 일부러 오겠어요?"

즉 여성고객의 '구매단위'는 면이나 통조림이 아니라 '파스타(pasta)'인지 '가락국수'인지에 있다. 따라서 여성고객의 '구매단위'에 맞추어 '파스타 코너'나 '가락국수 코너'를 만들지 않으면 안 된다.

그 후, 그 슈퍼마켓에서 '파스타 코너'에 파스타를 만드는 데 필요한 상품을 모두 진열하자 이전 매상보다 40%가 증가했다고 한다.

같은 상품이라도 시간이 지나면 여성들의 '구매단위'는 바뀐다. 파스타도 얼마 전까지는 면 코너에 진열해도 괜찮았다. 앞으로는 여성들의 '구매단위' 변화에 재빨리 대처할 필요가 있을 것이다.

'구매단위'를 여성고객에 맞춤으로써 그녀들이 '갖고 싶다'고 생각하게 되는 것이다.

◆ 여성고객이 사고 싶어하지 않는 것은……

> 1 분위기 전체가 마음에 들지 않을 때.

> 2 「구매단위」의 파악이 어긋날 때.

◆ 「구매단위」의 파악이란 손님이 상품을 구입하려 할 때의
「단위」가 되는 것. 이 하나를 「단품」이라 부르기로 하면…….

개별 아이템	등급	단품	단품라인	부문	전체
1개 3,000원의 사과	상급의 사과	사과	과일	청과	식품
50만원의 양복	중급의 양복	평범한 신사복	신사복	양복 윗도리	신사의류

◆ 「단품」의 파악이 어긋나면 구입으로 이어지지 않는다.

> 기본적인 상품 분류의 파악방법.

> ① 사이즈 별 · 크기별
> ② 색상별
> ③ 용도별
> ④ 소재별
> ⑤ 가격별

3

여성의 '구입동기'

여성고객이 당장 원하는 것

여성들이 어떤 서비스나 상품을 사고자 할 때의 '동기'도 항상 변하고 있다. 예를 들어 베게는 잠을 자기 위한 필수품으로 이불과 함께 구입하였다. 아이가 태어나거나 결혼을 할 때 구입하는 것이었다. 하지만 최근에는 '보다 쾌적한 취침'이나 '어깨 결림 해소'를 위해 바꾸는 식으로 '구입동기'가 바뀌고 있다.

여성이 무엇인가를 '갖고 싶다.'고 생각하는 것은 그것이 내게 '필요한' 것인데 '부족하다'고 느끼고 그것을 채우기 위한 때이다. 따라서 '나는 지금 충분히 만족하고 있다.'는 심리상태의 여성은 거의 쇼핑을 하지 않는 경우가 많다.

최근 우리들은 물질적인 면에서는 거의 '배부르다, 넘칠 정도로 충분하다.'는 상태에 가깝다. 공복감이 있어야 식욕이 넘치고, 무엇인가 불만이나 부족한 것이 있어야 의욕이 넘치는 것이다. 여성으로부터 '갖고 싶다.'는 의욕을 끌어내기 위해서는 '바람직한 모습'을 묘사할 수 있는가 없는가에 달렸다. 다시 말해 여성고객에게 '선망의 대상'과 '좋겠다.'는 생각이 드는 것을 제시하는 것이다.

"그렇다고는 하지만 그들이 무엇을 원하는지 어떻게 알아?" 하고 반문할 필요는 없다. 힌트는 '없는 것을 찾자.'이다.

그것을 생각하기 위해 다음의 도표(93쪽)에 여성의 욕구 8대 키워드외 여성의 역할이 교차하고 있는 도표를 실었다. 이 도표를 사용해 자신이 목표로 하고 있는 여성고객이 지금 가장 원하는 것은 무엇인지를 찾아내는 것이다. 이것이 여성고객의 '구입동기'를 만드는 작업이 된다.

30% 향상된 업적

거래처 가운데 한 수공예품점에서는 어린자녀를 둔 30~40대 주부를 대상으로 이벤트기획을 세웠다.

나는 사장님께 물었다.

"우선 대상이 되는 여성고객은 대체로 어떤 일에 시간을 많이 할애한다고 생각하십니까?"

"역시 엄마로서의 시간이 제일 크고 다음은 아내로서의 역할일 것이라고 생각합니다. 개인적인 시간이나 친구를 만나는 시간은 적을 것 같네요."

"그럼 이런 면에서, 방문대상고객이 왜 이 매장을 방문한다고 생각하십니까?"

"그건 아이들을 위해 무엇인가 만들어야 할 것이 많으므로 아내로서 엄마로서 돈을 절약하고 애정을 표현하기 위해서겠죠."

이 대답을 도표(93쪽)로 본다면 빠진 곳이 몇 가지 있는 것을 알 수 있다. 그것은 역할란에서는 '여성 개인'과 '친구'이고 욕구란에서는 '편리'와 '안심', '건강', '미(美)'이다. 이 중에 30~40대라는 특성상 '안심'과 '건강'의 란은 아직 비교적 흥미가 적다고 생각되지만 '미'와 '시간', '개인'이 교차하는 곳이 특히 빠져 있다는 것을 알 수 있다. 즉 '자신의 시간, 자신을 아름답게 가꾸는 것'이 욕구불만 상태일 것이라고 판단하였다.

그래서 여성고객이 자신의 시간을 보낼 수 있도록 '어린이 놀이방 서비스'와 '좋아하는 잡지를 보면서 커피를 마실 수 있는 서비스', 그리고 '자신을 가꾸기 위한 구슬공예교실'을 기획하였던바 전년 같은 달에 비해 30%가 향상된 업적을 올릴 수 있었다.

◆ 이 표에서 지금 부족한 것, 충분한 것을 찾아봅시다.

욕구의 키워드 역 할	① 시간	② 커뮤니케이션	③ 편리	④ 자기표현	⑤ 안심	⑥ 돈	⑦ 미(美)	⑧ 건강
딸								
여성 개인								
아내								
엄마(할머니)								
친구								
지역주민								

여성고객을 자극시키는
'관심사 문구'

여성의 '구매단위'는 '관심사 문구'

여성들이 상품을 사는 행위의 배경에는 무엇인가를 손에 넣는 것보다는 그 배경에 있는 욕구를 충족시켜 주는 것이라는 생각이다. 예를 들어 세련되고 멋진 자신을 연출하기 위해 유행하는 매니큐어를 사고 즐거운 홈파티를 연출하기 위해 식기를 사는 것이다.

따라서 여성들이 어떤 상품을 보았을 때 '갖고 싶다'고 생각할 때는 그 배경에 있는 욕구와 그 상품이 연결되지 않으면 안 된다. 이 배후에 있는 욕구는 바로 '관심사 문구'로 알 수 있다. 바로 이

‘관심사’가 여성의 ‘구매단위’가 되어가고 있다.

‘관심사 문구’가 ‘구매단위’라면 그 상품에 주목하고 그 가치를 충분히 끌어내는 말이 필요하다. 그러니까 ‘그 상품에 타이틀을 붙인다.’ 또는 ‘그 상품의 ‘장점’을 표현한다.’는 것이다. 실은 이 타이틀을 붙이는 방법 중에 여성의 ‘관심사’를 키워드로 포함시키는 것이 요령이다.

여성의 ‘8대 욕구’에 대해서는 전 항에서 설명했는데 ‘관심사’의 키워드는 그 욕구를 더욱 세분화하여 구체화해 여성이 듣는 순간 바로 반응하는 것들이다.

물론 ‘관심사’는 사람에 따라 다르다. 이것을 알기 위해서는 ‘여성잡지’를 활용하는 것이 제일이다. 자사 상품의 구입자나 여성고객이 어떤 잡지를 읽고 있는지를 앙케트 하는 것도 좋다.

그 결과는 여러 가지로 나누어지지만 몇 가지 그룹으로 나뉘는 경우가 많은 것 같다. 자사의 여성고객이 자주 읽고 있는 잡지가 다루는 주요 테마에서 여성고객이 무엇에 흥미를 가지고 있는지 엿볼 수 있다.

한 생활 잡화점은 여성복에서 액세서리, 화장품, 가방, 소품 등 여러 가지 상품을 취급하고 있다. 사람들의 출입은 많았지만 사지 않고 나가는 사람이 많은 매장이었다. 사장은 상품의 라인을 바꾸어야 할지 고민을 하고 있었는데 나는 그전에 지금 상태에서 '관심사 문구'를 붙여 판매하도록 조언을 하였다.

앞서 말했듯이 사전에 여성고객에게 '어떤 잡지를 자주 보나.'에 대해 앙케트를 실시해 인기 있는 잡지 세 권을 이용하여 기획을 세우기로 하였고 우선 그 잡지들에서 키워드를 찾아냈다.

찾아낸 키워드를 나열해 보겠다.

'흰 피부, 비타민, 수영복, 시원한 방, 수납, 간단한 메뉴, 바캉스, 리조트, 다이어트, 피부의 탄력, 지친 여름, 매끄러운 피부, 피지……' 등 일단 아무 관계가 없더라도 가능한 대로 열거해 보는 것이다.

다음으로 이달에 팔고 싶은 물건을 나열해 그 상품의 장점을 보면서 키워드와의 관계를 생각해 나가는 작업을 하였다. 이때는 남성스태프만이 아니라 타깃으로 삼을 여성고객에 가까운 감각을 가지고 있는 '여성스태프'도 참가시키도록 권한다.

이와 같이 해서 팔고 싶은 상품에 '관심사 문구'를 이용하여 타이틀을 붙여 나갔다.

A씨의 관심사	검버섯, 주름, 캐주얼, 10살 젊게 보인다. 골동품, 홈파티, ○○여행, 전통문화.
B씨의 관심사	연금, 노후, 삶의 방식, 가족, 건강, 취미, 활력.
C씨의 관심사	패션, 캐주얼, 고급 레스토랑, 결혼.
D씨의 관심사	예금, 싸고 맛있는 메뉴 만들기, 주택정보, 수납, 마이 홈, 간단한 청소기, 리모델링.

예를 들어 목욕용 소금에는 '매일 매일이 바캉스와 리조트 기분을 느끼게 해주는 목욕용 소금'이라는 타이틀을 붙이고 '탄력 있는 피부에 효과만점, 여성 직원도 애용하고 있다.'라고 덧붙였다.

또 '다이어트 하기 전에 입는 원피스'라고 타이틀을 붙이고 '이런 백과 함께라면 더욱 날씬하게 보인다.' 하고 원피스와 백을 조합하여 진열, 전시하였다.

이와 같이 특히 팔고자 하는 상품을 어필하자 지금까지보다 5배 이상의 속도로 완전 매진되었다고 한다.

이것으로 '상품 자체에 문제가 있는 것이 아니라 어필방법이 여성고객에게 와 닿지 않았다.'는 것을 알 수 있었다. 그 후 이 매장은

타이틀을 먼저 생각하고 그 타이틀에 맞는 상품을 들여오게 하여
판매성적도 크게 올랐다고 한다.

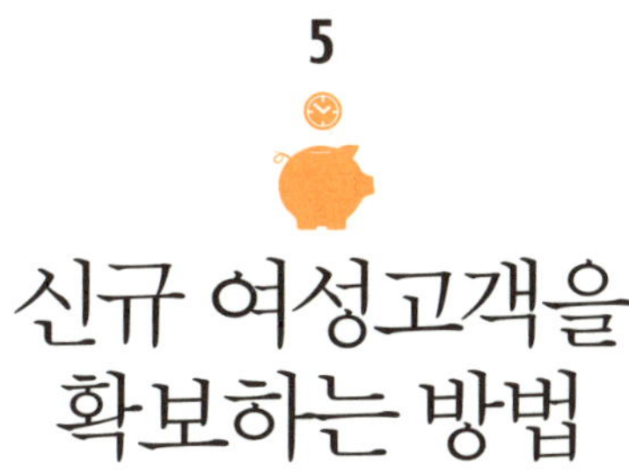

신규 여성고객을
확보하는 방법

상품과 연결시키는 '첫 체험'

여성들이 원하는 것은 '매일 무엇인가 좋은 일이…….'라는 것이다. 실은 이 '무엇인가'라는 것이 포인트로 '오늘은 이런 좋은 일을 하자.'라고 생각하는 사람조차 '더 좋은 일이 없을까?' 하고 거의 무의식적으로 생각하는 것이다.

인간의 욕구는 〈이상적인 상태와 비교해 '부족하다'고 느끼며 그 부족을 메우려고 하는 데서 생기는 것〉이다.

현재 대부분의 여성들이 물리적으로 살아가는 데 필요한 것들이나 서비스는 대부분 갖추어진 속에서 생활하고 있다. 따라서 스스로도 무엇이 부족하고 무엇을 원하는지 잘 알지 못하는 상황이다.

그럼에도 불구하고 '자신에게 부족하다'며 금방 알 수 있는 것이 있다. 그것은 '아직 체험하지 못한 일과 사물'이다.

나는 업무상 자주 전국을 돌아다니는데 시간과 돈이 있는 중년 여성이 무리를 지어 여행하고 있는 광경을 너무 많이 볼 수 있어 놀라웠다. 말하자면 여행도 '미지의 곳을 체험하러 간다.'와 같은 것이다. 여성에게 있어 '첫 체험'이란 것은 두근거리는 즐거움이므로 '갖고 싶다(원한다).'고 느끼기 쉽다.

따라서 '첫 체험'을 자신의 상품과 연결시켜 보는 것이다. '첫 체험'으로 상품과 서비스에 마음이 들면 앞으로 계속 구입하게 될 것이다. 이미 라이벌 회사(또는 제품)를 이용하고 있는 여성고객을 자사로 끌어오는 전략도 단기적으로는 유효하지만 시장을 확대시키기 위해서는 '처음인 고객'을 계속 만드는 것도 중요하다.

'처음'인 손님의 입장

'첫 체험'의 예를 들어보기로 하자. 그러니까 대상으로 삼고 있는 여성고객에게 있어서의 '첫 체험'을 생각하면 되는 것이다.

한 양복점에서는 '칼라 진단서비스'를 유료 이벤트로 기획을 세웠다. 이것은 고객의 얼굴색에 맞는 색을 찾아주는 것으로 '정말 어울리는 색'을 찾아내기 위한 것이었다. 자격이 확실한 전문가의 진단이어서 여성고객이 친구들과 함께 끝없이 몰려와 기간을 연장할 정도였다.

대부분의 여성고객이 이런 서비스를 제대로 받아본 일이 처음이었다. 그들은 지금까지 푸른색 계통의 옷만을 입던 자신이 실은 핑크가 훨씬 잘 어울린다는 것을 알게 되었고 매우 기뻐했다. 이 경우에는 고정고객에게 '첫 세험'을 하게 함으로써 친구(신규고객)를 끌어오도록 하는 예이다.

또 찾아온 손님(앞으로의 손님) 중에 주문으로 이어질 '첫 체험'에 착안하여 철저하게 매상을 늘리는 회사가 있다.

신문사 보급소의 예이다. 보급소란 신문의 내용을 바꿀 수 없으므로 고객에 대한 서비스가 관건이다. 잘 아는 바와 같이 선물공방전이다. 하지만 이 보급소는 유명 신문사 보급소이기는 해도 그 지역에서 별로 강세를 나타내지 못하는 것은 물론 선물공방전에도 한계가 있다. 또한 현재는 공정거래법에도 위배가 된다.

어쨌거나 신규고객이 간절하다. 그러기 위해서는 '처음' 이 지역에 이사 온 사람이 신문을 봐주는 것이 지름길이다. 그래서 돈보다는 지혜를 쓰기로 했다.

우선 '처음' 이 동네에 이사 온 사람이 불편한 점이 없을까 생각

1 첫 체험을 만들어 줘 기쁘게 한다.

▶ (1) 기존 고객이 체험하지 못한 것이 무엇일까.

▶ (2) 다른 곳에서 실시하지 않는 것은 무엇일까.

2 처음인 사람을 위해 친절하게 대응한다.

▶ (1) 처음이라 곤란한 점이 무엇일까.

▶ (2) 첫 체험이 즐거우려면 어떻게 하면 좋을까.

해 보았다.

이사 후, 짐 정리도 끝나지 않은 채 식사와 세탁을 해야 하는 상황이므로 주부는 매우 바쁘다. 주변 사정도 밝지 않을 것이다.

그래서 주변 지도에 슈퍼마켓과 약국 등 필수품을 팔고 있는 매장과 병원, 음식점, 우체국, 구청 등을 표시한 지도와 지역 전화번호부를 준비했다.

또 그 지역의 쓰레기 버리는 방법 등 바로 필요한 정보도 실었다.

이와 같은 정보를 제공하고 신문을 권하자 이전의 4배 이상 구독을 하게 되었다고 한다.

이처럼 '처음'인 손님의 입장에 서서, 받으면 기뻐할 것과 불안

을 해소시켜줄 것 등을 고려해 주는 것도 여성들의 마음을 사로잡
는 비결이다. 현재는 많은 음식점이나 미용실, 혹은 슈퍼마켓 등에
서도 자주 활용하는 대표적인 예라고 할 수 있다.

무언가 다른 '잘 파는 판매원'

접객의 중요성은 손님과 직접 접촉하는 매장과 회사에 있어서 새삼스럽게 다시 강조할 필요는 없을 것이다.

한데 최근에는 접객판매를 적극적으로 하지 않는다고 여겨지는 셀프매장조차 판매원의 판매능력이 매상에 크게 영향을 주는 상황에 이르렀다.

거래처인 화장품매장에도 '잘 파는 판매원'이 있다. 그 사람이 계산대에 서면 다른 사람에 비해 매출이 50% 증가하는 것이다.

그 사람은 매일 '팔아야 할 상품' 하나를 정하고 있다. 그리고 계산대를 통과하는 손님 대부분에게 그 상품의 장점을 소개하는 것이다.

그도 그럴 것이 구매 욕구를 불러일으키기에는 일부 사람에게만 소개하는 것보다 모두에게 하는 것이 당연히 효과가 있을 것이다.

잘 팔지 못하는(팔지 않는) 판매원을 관찰해 보면 손님이 흥미를 나타낼 때에만 소개하는 경향이 있다.

물론 억지로 팔려는 듯 바쁜 손님에게까지 상품소개를 하는 것이 좋다고는 생각하지 않지만 계산대가 복잡하지도 않은데 기계적으로 계산만 하고 있어서는 판매의 기회를 놓치게 된다.

'자연스럽게 팔 수 있는 판매원'이 되기 위한 길은 매우 힘들지만 '잘 파는 판매원'이라면 지혜와 창의, 노력과 기술의 축적으로 가능해진다.

우선 손님에게 하나의 상품과 서비스를 권하는 '말 한마디씩 하기 운동'을 매장에서 해보도록 하자.

모두 경쟁하듯 한다면 재미있게 할 수 있을 것이다. 매장의 활기는 손님과 판매원들에 의해 만들어질 수 있다.

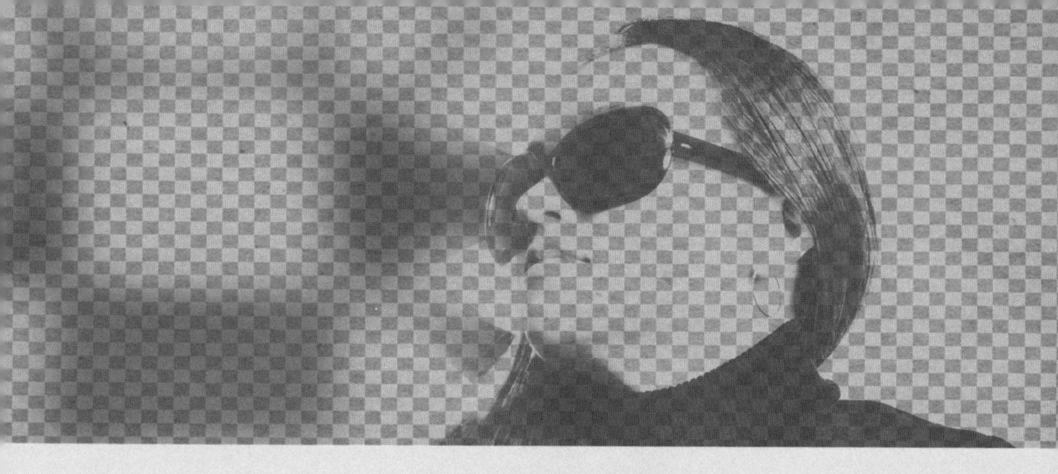

5장

여성고객 '마음' 사로잡기

고객계층별 대처방법

고정 타깃

3장에서 '여성에게 자신과 자신의 생활에 직접적인 관계가 없는 것과 관심 밖의 것은 제아무리 좋은 것이라도 없는 것과 마찬가지다.'라고 이야기했다.

그럼 여성고객이 매장이나 상품을 보고 '이것은 정말 나한테 딱 맞아.' 혹은 '이런 것을 찾고 있었어.' 하는 생각이 들게 하기 위해서는 어떻게 표현하면 좋을까?

여성고객이 상품과 매장을 볼 때는 순간적으로 전체를 보고 좋은지 자신에게 어울리는지를 판단한다. 다시 말해 첫인상에서 이미

108

어느 정도 판단을 내려버리는데 첫인상을 좋게 하기 위해서는 '고정 타깃'을 정하고 표현할 필요가 있다.

'고정 타깃'이라는 것은 '어떤 생활을 하고, 어떤 것을 좋아하고, 어떤 사람인가?' 하는 이미지를 결정하는 것을 말한다. 예를 들어 '직장에 다녀 부엌일을 하는 시간은 짧지만 가족과 대화를 즐기고, 홈파티를 좋아하는 주부가 원하는 부엌'과 같은 식이다.

이와 같이 '고정 타깃'을 결정하는 것은 다른 고객을 배제하는 깃이 아닌가 하며 석성할지도 모르겠다. 하지만 실제로 요즘은 '고정 타깃'을 정히지 않고 필리는 매장의 상품은 상식을 초월할 정도로 저렴하지 않으면 모를까 거의 없는 상황이다.

'고정 타깃'의 대표적 특징은 다음과 같다.

① 이런 생활을 하는 사람(하고 싶은 사람).
② 이런 것을 소중히 하는 사람(하고 싶은 사람).
③ 이런 것을 좋아하는 사람, 또는 곤란해 하는 사람.

'고정 타깃'을 결정할 때 해서는 안 되는 것은 '25세 이상의 여성을 대상으로 연령을 나누어 표현하는 것'이다. 의약품 등 의학적 근거가 있는 것은 예외로 하더라도 일정한 범위 밖의 경우에는 결코 권할 수 없는 방법이다.

왜냐하면 여성고객은 25세가 넘으면 결혼을 하고 안 하고, 아이가 있고 없고, 또 아이의 나이 등으로 생활과 흥미가 크게 달라지기 때문이다. 더욱이 '젊음'에 흥미가 있으므로 연령표현은 판단기준이 되기 힘들다.

상품의 명확한 용도

'고정 타깃' 만들기의 기본은 그 상품을 어떤 때에 사용할 수 있는지를 명확히 하는 것이다.

예를 들어 고급 브랜드 백은 들고 있기만 해도 숙녀처럼 행동할 수 있다. 그것을 가진다는 것 자체로도 숙녀로서의 시간을 보낼 수 있다. 이런 쉽게 연상되는 것과 '시간을 보내는 방법'의 매력이 여성의 눈길을 끄는 것이다.

예를 들어 입학 시즌의 세일 팸플릿을 말하겠다.

보통 아이들의 입학 때 손수 만들어야 하는 손수건이나 신발주머니 등이지만 최근에는 일부러 만들지 않고 기성품을 사는 학부모가 늘었기 때문에 적절한 문구를 넣어야 한다.

'처음 만드시는(오랜만인) 어머님께 권한다.', '급하신 어머니는 이것을', '특별한 것을 원하시는 어머님께 권한다.' 등 요구별로 표현한 결과 예년 매상의 30%가 증가하였다.

상품을 단지 나열하는 것만으로는 자신이 갖고 싶어 하는 것인
지 아닌지 알 수 없다. 게다가 평소 자주 접하지 않는 상품이라면
더욱 그렇다. '고정 타깃'은 바로 그 상황에 맞는 사람만이 아니라
그렇게 되고 싶은 사람도 타깃의 범위 내에 넣을 수 있는 것이다.

2

'개별 타깃'의 고려

단골을 늘리는 4가지 방법

'고정 타깃'은 주로 새로운 여성고객을 끌어들이기 위한 방법이다. 다른 한편으로 매장의 상품이 계속 잘 팔리기 위해서는 '개별 타깃'도 고려하지 않으면 안 된다.

'개별 타깃'을 명확하게 한다는 것은 지금 상품을 사줄 사람, 매장을 찾아주는 사람(기존고객)에 대해 그 사람이 갖고 싶어 하는 상품을 생각하는 작업이다. '고정 타깃'이 전체적 이미지이고 외관적인 것에 대해 '개별 타깃'은 좀 더 세분화된 실제상품 제안방법이라고 생각하면 좋을 것이다.

'개별 타깃'을 생각할 때의 표현특성은 다음과 같다.

① 몇 살 정도인가(표현하지 않는 것이 좋지만 연상하는 데는 효과적
   이다).
② 어떤 라이프스타일일까(결혼을 했는지, 아이는 몇 살인지, 직업은
   있는지, 누구와 살고 있는지, 어떤 집에서 살고 있는지 등).
③ 어떤 취미를 가졌나.
④ 무엇에 흥미를 가지고 있나.

이 '개별 타깃'을 구체화 하는 요령은 기존고객 중에서도 '이 사
람이 좀 더 자주 오기를 바란다.'고 생각되는 여성고객 한 명을 구
체적으로 떠올려 연상하는 것이다. 'ㅇㅇ 씨는 이렇다.'고 떠올리면
서 어떤 상품을 어떻게 제안하면 흥미를 가질까 생각하는 것이다.

무엇을 제안하면 흥미를 가질까

주택 리모델링 회사에서 단골고객을 늘리려고 '개별 타깃'을 이
용했다. 한 여성고객은 32살로 출산을 앞두고 있고 부모와 함께 단
독주택에 살고 있었다. 이 여성고객은 비교적 여유가 있어 여기저

기 리모델링을 하였다고 한다.

이 여성의 상황에서 판단하면 첫 출산을 앞두고 있어 출산과 육아에 가장 관심이 있을 것이라 생각하였다. 그래서 '안심하고 육아시키기 가능한 리모델링(마마 리모델링)'이란 명목 하에 집안 구석구석 리모델링 방법을 명시하고 메뉴를 만들어주었다. 이 제안은 평가가 아주 좋아 같은 상황의 여성고객에게 제시해도 매우 높은 확률로 계약을 할 수 있었다고 한다.

이와 같이 특정한 사람을 떠올려 '무엇을 제안하면 흥미를 가질까?'를 생각하면 그 사람만이 아니라 '항상 상품을 구입해 주고 있는' 같은 상황의 다른 여성고객도 관심을 가져준다. 이와 같은 방법을 '개인별 타깃에 의한 마마 대처방법'이라 부른다.

이것은 한 개인의 상황을 전제로 생각하지 않으면 절대로 구체적인 제안이 나오지 않는다. 모든 여성고객에게 사랑을 받겠다고 생각하기 전에 우선 한 명의 여성고객에게 사랑받는 것을 의식하여 집중해야 한다.

'개별 타깃'의 경우 다음과 같은 사람을 생각하면 좋을 것이다.

① 자신의 매장과 자사의 상품을 자주 찾아주는 사람.
② 이미지고객이나 매개고객(3장 4항 참조. 이런 여성고객은 생활을 보다 좋게 하고자 하는 의식이 높아 상품과 서비스에 대해 감도가 높은 경우가 많다).

개별 타깃	업 종	상품 · 테마
32세, 첫 출산을 앞두고 있다. 인테리어에 개인 취향이 있다.	주택 리모델링	처음 엄마가 되는 분께, 아기를 위한 리모델링 계획.
47세, 아이들이 독립해 부부만 산다. 시간과 금전에 여유가 생겼다.	홈센터	연중 꽃이 피는 정원 만들기, 꽃 피는 시기별 추천 품종 특선.
23세, 독신 직장인, 부모와 동거. 어머니와 쇼핑을 간다.	미용 살롱	지금 효도하자, 어머니와 함께 아름다워지는 캠페인.
53세, 아들 부부와 동거. 친구가 많다.	생활잡화점	홈 파티에 어울리는 세트의 코디네이터.
65세, 손자, 아들 부부와 동거	여행업	귀여운 손자에게 여행을! 손자와 함께하는 여행 특선.

③ 자사의 손님으로 이런 사람이 더 늘었으면 싶은 사람.

여성고객이 상품을 본 순간 '흥미가 있다.'고 느끼도록 하기 위해서는 '주제'가 필요하다. 주제에 의한 정리를 한 뒤 상품을 제시하지 않으면 원래 자신이 흥미가 있거나 사려고 예정한 상품 이외에는 눈길을 주지 않게 된다.

이유를 만드는 쇼핑

가장 싫어하는 것은 '손해를 보는 것'

앞서 말했듯이 여성에게는 오감이 예민하여 불쾌한 일에 대해서의 감도는 더욱 예리한 면이 있다.

원래 인간은 위험한 상황에 몸을 맡기지 않도록 본능적으로 '싫은 것'을 피할 수 있는 힘이 숨겨져 있다고 한다. 이런 '싫은 것을 피하는 힘'은 '좋아하는 것을 하려는 힘'보다 훨씬 강한 것이다.

다시 말해 여성은 '싫은 것'을 철저하게 피하려 한다는 것이다.

그럼 쇼핑에 있어서 '싫은 것'이란 무엇인지 다음의 예를 살펴보자.

116

① 매장 내에 사람이 많아 피곤한 것.

② 짐이 무거운 것.

③ 판매원에게 무시당하거나, 요구를 거절당하는 것.

④ 손해를 보았다고 느끼는 것.

이외에도 주차하기 힘든 것, 물건을 찾기 어려운 것, 기다리는 것 등 여러 가지가 있다.

하지만 이 중에서도 가장 싫어하는 것은 '손해를 보는 것'이다.

'손해를 보았다.'고 느끼는 대표적인 것이 구입한 상품이 그만큼의 가치가 없을 경우일 것이다. 쉽게 망가지거나 다음날부터 세일을 하는 등 '손해를 보았다.'고 느낀 매장에는 어지간한 일이 아니고서는 그 여성이 다시 구입을 할 것이라고 생각하지 않는 것이 좋을 것이다.

남성과 비교해 여성은 한 번 신용을 잃으면 두 번 다시 신뢰하지 않는 경향이 강하다. 게다가 그것으로 끝나지 않는다. 왜냐하면 그 이야기는 소문을 통해 번져나가기 때문이다. 따라서 여성고객은 무섭다.

무엇인가 얻을 수 있는 권리의 선물

실은 '손해 보기 싫다.'는 심리를 응용하여 역으로 기쁘게 하는 방법이 있다. 그것은 일단 먼저 여성고객이 무엇인가 얻을 수 있는 권리를 선물하는 것이다.

예를 들어 한 번 구입한 손님에게 그 매장에서 쓸 수 있는 포인트 카드를 선물했다고 하자.

그때 그 여성은 '받은 포인트를 쓰지 않으면 손해다.'라고 느끼므로 특별히 필요한 것이 없더라도 일단 다시 찾게 된다. 그리고 상품을 보면 충동이 생겨 포인트를 쓰기 위해 결국 예정에도 없던 물건을 사게 된다.

한 생활 잡화점에서 이처럼 철저하게 포인트 카드 전략을 전개한 결과 포인트 사용률이 87%를 넘는 결과가 나왔고 매출이 급속도로 신장해 많은 이익을 챙겼음은 두말할 여지도 없다. '특별히 필요한 것은 없지만 손해를 보는 것은 싫다.'는 심리를 역으로 이용한 것이다.

이와 같이 '손해를 보고 싶지 않다.'는 심리는 '무엇인가 갖고 싶다.'는 욕구보다 강한 힘이 있다.

반복해서 말하지만 이와 같은 마음을 활용하기 위해서는 여성고객에게 '먼저 무엇인가 얻을 수 있는 권리를 선물하자.'이다. 이것은 먼저 자신 쪽에서 선물을 하는 것이 포인트이다.

'10만 원 이상 구매고객께 선물을 드립니다.'라고 하는 것은 말하자면 보상에 가까운 것으로 선물을 받게 하기 위해 더 많은 쇼핑을 유도하는 수법이다. 먼저 무엇인가를 선물한다는 것이 중요하다.

다른 예를 들어보면 '구매금액이 많은 고객님께 우대고객 ID카드를 발행하고 있으니 방문하여 찾아가 주십시오. 카드가 있으면 앞으로 구매정보나 할인 등의 특전을 드립니다.'라는 안내문을 여성고객들에게 발송한 결과 90% 이상의 여성고객이 일부러 카드를 받으러 와서 쇼핑을 했다고 한다.

이와 같이 일부러 '사러 가기' 위해서는 무엇인가 이유('포인트를 쓰지 않으면 손해다.'와 같은)를 만드는 것이 필요하다.

구매목적 '부여'의 테크닉

'어디서 어떻게 쓸까?'의 타이틀

여성에게 원래 예산의 폭을 넘기더라도 '갖고 싶다'고 느끼는 것만으로도 구매이유와 목적은 충분하다. 단, 그런 일은 결코 그냥 생기지 않는다. 그렇다면 어떻게 하면 좋을까?

그것은 바로 '타이틀'을 붙이는 것이다. '타이틀'이라고 하면 왠지 걱정부터 할지 모르겠지만, 말하자면 ① ○○을 위해라는 '목적'을 만든다. ② 즐거운 시간들을 연상시킨다는 것이면 충분하다.

예를 들어 여성고객에게 신사복을 파는 경우를 생각해 보자.

한 양복점에서는 원래 '청량감 양복'과 '면접용 양복' 등의 타이틀을 붙여 진열하고 있었다. 하지만 이것은 너무 흔하고 무엇보다 고르는 재미가 없다. 그래서 좀 더 구체적인 타이틀을 붙이도록 제안했다.

예를 들어 '최소한 3kg은 날씬해 보이는 양복'과 같이 목적이 분명한 것과 '휴일을 놀이동산에서'와 같이 즐거운 시간을 보내는 것이 연상되는 타이틀을 붙여 상품을 제안하도록 하였다. 그 결과 아무런 타이틀을 붙이지 않은 때보다 2.5배 빠른 속도로 다 팔렸다고 한다.

한편 타이틀이 없으면 어떻게 될까? 반약 없다면 '이 옷 괜찮네.' 하며 눈으로 확인하고 상품이 마음에 들어 산 사람은 있을지 몰라도 '언제 입지?' 하는 생각이 들었을 때 바로 떠오르지 않으면 구매율이 현저히 떨어질 것이다.

실은 아무 규정 없이 개인의 자유로운 발상으로 좋아하는 상품을 고르는 것이 가장 좋지만 요즘과 같이 물건이 넘쳐나는 상황에서는 자신이 정말 원하는 것을 찾아내기조차 힘이 든다. 따라서 '당신이 원하는 것이 이거죠?' 하는 마음으로 타이틀을 생각하면 좋을 것이다.

이것저것 물건으로 넘치는 지금은 동 업종 간의 경쟁만이 아니라 타 업종과의 경쟁도 치열해졌다.

그렇다면, 예를 들어 꽃집에서 '다른 곳보다 싸고 신선한 꽃이다.' 하고 여성고객에게 어필하는 것만으로는 안 되고 '외식 한 번 하는 것보다 자신을 위해 꽃을 장식해 마음의 비타민을!' 하고 어필하지 않으면 영향력이 없는 것이다(이것도 일종의 타이틀이다).

상품을 기획하거나 구입하는 등의 경우에는 먼저 타이틀을 생각해 두고 그에 맞는 상품을 생각하는 것이 좋다. 이미 있는 상품이라면, 특히 팔아야 할 상품(잘 나가고 있는 상품)에 타이틀을 붙여보자.

타이틀을 붙이는 방법을 크게 어렵게 생각하지 말고 아래와 같이 생각해 보는 것이다.

① 누가(누구와 함께).
② 어디서(어떤 상황, 어떤 장소, 어떤 기분일 때).
③ 어떤 식으로(방법).
④ 어떤 목적으로.

역으로 말하자면 이 4가지가 떠오르지 않는 상품은 팔리지 않는다.

업종 · 상품	대　상	타 이 틀
꽃	자주 꽃을 사는 습관이 없는 사람에게.	외식 한번보다 자신을 위해 꽃 장식으로 마음의 비타민을!
수공예품	액세서리나 백 등의 소품을 직접 만들어 멋을 내고 싶어 하는 초보자에게.	기본은 기초원리이지만 개성 있는 수공예품으로 멋있게!!
선물	실패한 선물보다 상품권을 생각하고 있는 사람.	돈보다 기쁨을 주는 센스 있는 선물 특선.
부인복	이이를 기우는 동안에는 더러워져 멋 내기를 포기히려는 사람.	움직이기 편하고 세탁도 간편하면서 멋있는 육아용 옷!!
차(茶)	여유를 즐기고 싶은 사람.	집에서 카페 분위기! 몸과 마음이 릴렉스 / 친구와 차 한잔.
과일	피부에 신경이 쓰이는 사람.	과일로 피부 나이를 싱싱하게 하자(매일 자연스럽게 섭취되는 비타민C).
향(香)	여러 향을 즐기고 싶은 사람.	넘치는 갈채 · 해변의 석양(향의 이름).

　타이틀을 붙이면 그 상품에 '목적'이 생기게 되고 그 목적이 자신에게 맞는다면 갖고 싶어진다. 그리하여 그 상품은 여성고객에게

있어서 '의미 있는 것'이 된다. 여성은 '좋다'고 생각해도 '이럴 때 사용해야 하므로 필요하다.'고 납득하지 않으면 사지 않는다.

5

조르기 마케팅

조르기 쉽게

직장여성이 많아져 자신이 원하는 것을 스스로 구입하는 일이 많아졌다고는 하지만 아직도 여성은 남성에 비해 누군가에게 선물을 받을 기회가 여전히 많다. 여성에게 있어 선물이 가지는 역할은 기념일이나 칭찬, 애정표현까지 다양하므로 앞으로도 계속 유효할 것이다.

여성이 선물을 받았을 때는 아무리 거리감이 있는 사람이라도 고급스러운 물건을 받으면 기뻐한다. 게다가 갖고 싶어 하던 물건이라면 가능한 좋은 것을 받는 것이 기쁜 것은 당연할 것이다.

받는 상대와의 관계도 있겠지만 싸고 누구에게서나 받을 수 있는 것을 받는 것보다는 역시 비싼 것이 기쁜 것은 솔직한 여성의 마음이 아닐까?

하지만 문제는 여성에게 있어서 정말로 원하는 것이 있다고 해도 얼굴을 맞대고 'ㅇㅇ를 원한다.'라고는 말하기 힘들다. 익숙한 사람에게는 간단한 일이겠지만 우리나라 여성이 자라온 환경은 '자기중심적이어서는 안 된다.'는 것이어서 쉽게 자기주장을 할 수 없다.

제아무리 여성이 '선물 받고 싶다.'고 생각하는 것이 있어도 그것을 상대가 알아차리지 못하면 선물은 성립되지 않는다. 따라서 무엇인가 사주기를 바란다면 그 여성의 생각을 전달하기 쉽게 해줄 필요가 있다. 즉 '조르기' 쉽게 해주는 것이다.

일반적으로 여성이 조르면서까지 선물받기를 원하는 상품은 단가가 높은 경우가 많다. 장사를 하는 사람의 입장에서 '조르기 마케팅'에 신경을 써야 할 이유는 충분하다.

조를 수 있는 상황 연출

여성이 조르기 어려운 경우는 다음의 2가지이다.

① 말하기 곤란하다.

② 구체적으로 무엇(어떤 상품이며 얼마인가)인지 전달하기 어렵다.

예를 들어보자.

나는 거래처 인테리어업체에서 팸플릿에 '(우리 업체의) 손님은 이 럴 때 리모델링을 하고 있다.'라는 타이틀을 붙인 적이 있다. 그리 고 '항상 가족을 위해 열심인 주부를 위해 감사하는 마음으로'라는 문구를 붙여 할아버지와 할머니가 연금을 며느리에게 전하며 마음 에 들도록 공사를 시키는 삽화를 넣었나.

그러자 반응이 통상의 150%에 달했고 그중 반수가 부모가 며느 리에게 주는 선물이었다.

그 며느리들의 이야기를 들어보니 내가 제안한 문구와 삽화를 부모님께 보여드렸다는 것이었다. 그랬더니 "리모델링을 선물 받 는 사람도 있구나……. 이런 선물도 있었어, 너도 필요하니?" 하고 묻더라는 것이다.

"네, 이제 리모델링할 때가 되었어요. 하지만 자금이 없어 서……."

"그럼 자금을 보태주마." 하고 부모님이 흔쾌히 응해 주셔서 바 로 전화를 했다는 것이었다.

여기서 포인트는 너무 심각하지 않게, 편안하게 말을 꺼낼 기회 를 만들어주는 것이다. 특히 '다른 사람도 받았다.'라는 화제는 비교적 꺼내기 쉬운 것이다. 남성과 부모에게 있어 사랑하는 여성이 '남들만큼'의 것을 받지 못한 것은 '불쌍하다, 어떻게든 해야지.' 하며 느끼는 것이다. 중요한 것은 너무 심각하지 않게 '선물을 받은 여성이 있다.'는 사실을 전달하는 편이 가볍게 '조를 수 있는' 상황을 만들기 쉬울 것이다.

거래처의 수공예품점에는 내가 '슈퍼 직원'이라고 부르는 여성이 있다.

그 여성은 매장과 상품에 대한 숙지는 물론 손님들이 그녀를 지명해 찾을 정도이다. 왜냐하면 손님과의 대화를 통해 그 사람의 특징과 취향을 기억해 두고 다음에 만나면 대화중에 활용하기 때문이다. 더욱이 그녀의 뛰어난 점은 다른 판매원의 잘잘못까지 파악하고 잘 지도하는 데 있다.

이런 것들을 실감한 적이 있다. 그것은 그 '슈퍼 직원'을 중심으로 경영자와 그 이외의 모든 직원들이 정기휴일에 다른 매장을 돌아보고 거기서 얻은 정보를 도입해 일에 활용하는 것을 보았을 때이다.

물론 이것은 누가 시켜서 하는 것도 아니고 보너스가 나오는 것도 아니다. 하지만 이 활동을 모두 즐겁게 하는 것처럼 보였다.

이것은 전 직원의 수준이 높기 때문에 가능한 일이라고 생각하지만 이와 같은 습관은 노력 여하에 따라 만들 수 있다.

실은 이 매장의 경영자는 회의나 조회시간을 확보하기 어려워 그것을 대신할 커뮤니케이션 수단을 생각했다.

그래서 한 달에 한 번, 전 직원을 대상으로 편지를 쓰는 습관을 들였다. 첫 장에는 최근에 느낀 점 이외에 그달의 행동지침과 주의사항, 그리고 개인명으로 전월의 평가와 당월의 주의할 점을 한마디씩 썼던 것이다.

이와 같이 각 개인에게 기대하는 역할과 그에 대한 평가를 공표(公表)함으로써 스태프 전원의 움직임이 활성화된 것이다.

이 매장에서 '슈퍼 직원'이 탄생한 것은 이와 같은 계기도 관계가 있었던 것이다.

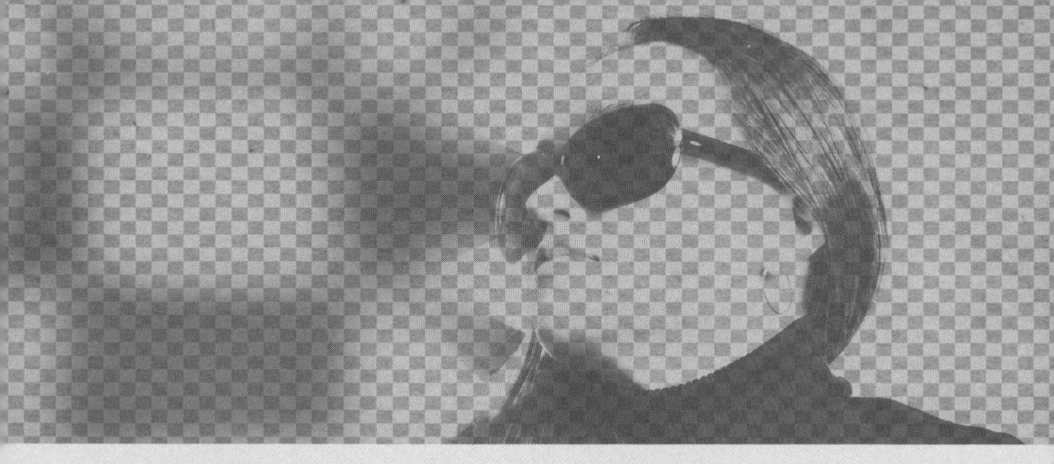

6장

여성이
좋아하는 표현과
연출방법

폐쇄적인 곳과
개방된 곳

거부하는 '비밀의 집'

여성은 매장을 고를 때 폐쇄적인 곳을 좋아할까, 아니면 개방적인 곳을 좋아할까?

대답은 바로 '개방'된 곳이다.

① 어떤 상품을 어떤 방식으로 팔고 있는가.
② 어떤 손님에 적합한가.
③ 가격은 어느 정도이고 어떤 장점이 있는가.

여성고객은 위와 같이 밖에서도 명확히 전달되는 매장에 들어
간다.

매장의 쇼윈도가 아니더라도 외관에서 풍기는 이미지와 간판 등
으로 어떤 매장인지 연상이 가능한 곳에 들어가는 것이다.

한편 남성고객은 매장에 관해 거의 알 수 없는 '비밀의 집'과 같
은 곳에도 들어가거나 흥미를 가지는 경향이 있다. 매장이 개방되
이 있지 않기 때문에 오히려 '알고 싶다.'는 욕구에 자극을 주는 것
이 아닐까?

이 감각의 차이 때문에 아이디어맨인 남성지점장일수록 범하기
쉬운 잘못이 있다.

한 여성고객 대상의 생활 잡화점에서 신규매장을 기존매장 가까
이 열게 되어 오픈세일을 알리기 위한 팸플릿을 작성하였다. 하지
만 평범한 것은 재미없다고 생각한 남성지점장은 "무엇이 있을지
기대하시라! 진귀한 물건이 많으므로 가벼운 걸음으로 와주십시
오."와 같은 표현을 하였다. 언뜻 보기에는 무슨 매장의 팸플릿인
지 알 수가 없었지만 무엇인가 있을 것 같은 분위기로 완성되었다.

확실히 오픈 당일에는 만원사례였다. 하지만 찾아온 손님은 기
존매장의 손님들로 '새로운 여성고객이 찾아주기를 바란다.'는 의
도에서는 벗어났다. 객관적으로 볼 때 그 팸플릿은 재미있어 보이
기는 하지만 어떤 매장인지는 알 수가 없어 망설임과 불안감이 느

껴지는 폐쇄적인 팸플릿이었던 것이다.

언젠가 매장의 개요를 살짝만 보여주는 타입의 팸플릿을 남성과 여성에게 보여주고 가보고 싶은지 어떤지를 물은 적이 있다. 그러자 남성은 70%가 가보고 싶다고 대답한 반면, 여성은 20%에 그쳤다.

여성들은 '그런 수상쩍은 데는 가고 싶지 않다.'는 입장인 것이다.

이 결과로 생각해 보면 신규 여성고객을 확보하려면 오픈이 된 표현을 염두에 두어야 할 것이다. 어떤 매장인가, 어떤 상품인가의 '**전체 이미지를 알 수 있는 표현**'이 아니면 안 된다. 폐쇄적 타입의 표현으로 여성고객에게 받아들여지는 것은 그 매장과 상품에 대해 잘 알고 있는 경우에 한한다.

고급 브랜드점 등은 어떤 상품을 취급하고 어떤 직원이 있는지를 밖에서는 알 수가 없는 경우가 있다. 하지만 그런 매장은 여성잡지 등에서 대대적으로 광고하고 있어서 타깃이 될 여성고객은 매장의 이름만 보더라도 어떤 상품이 얼마인지를 대략 알고 있다. 따라서 대대적인 선전을 하지 않는 상품과 회사가 폐쇄적 타입의 표현 방법을 취하는 것은 권장할 수 없다.

> **1** 취급 상품을 명시한다.
> (특히 주요 간판에 대해서)

> **2** 가장 자신 있는 상품을 명시한다.
> (특히 보조 간판에 대해서)

폐쇄적 이미지의 매장

이미 폐쇄적 이미지의 매장이 되어 있는 경우에는 어떻게 하면 좋을까?

자신의 매장이 폐쇄적 매장일 가능성이 있는지 없는지는 신규 여성고객의 출입으로 알 수 있다. 구매목적이 확실한 사람이 들어오지 않는 매장은 들어가기 힘든 매장, 즉 폐쇄적 매장일 가능성이 있다.

이 폐쇄적 매장을 오픈 타입의 매장으로 바꾸는 데는 위 도표에서와 같이 2가지를 행할 것을 추천한다.

①의 취급 상품은 간판에 '신발매장'이라고만 쓰여 있어서는 안 된다. 신발에도 여러 용도, 취향, 가격이 있으므로 '신발'은 여성의 구매단위가 아니다.

‘최첨단 유행 구두’인지 ‘편안하고 실용적인 구두’인지를 알 수 없다면 오픈이 된 매장이라고 할 수 없다. 말로 표현하거나 아니면 이미지가 전달되는 상품을 쇼윈도에 진열할 필요가 있다.

여성의 눈길을 끄는
'3대 소품'

여성들의 눈길이 가는 곳

여성이 상점가를 걷고 있을 때, 어떤 곳을 보는지를 관찰한 적이 있다.

그 결과 기본적으로는 자신이 흥미가 있는 상품을 취급하는 매장(예를 들어 20대 여성이라면 그 연령에 맞는 패션이나 생활 잡화점 등, 50대 여성이라면 전통 잡화점이나 가방, 고급 코트전문점 등)에 눈길이 간다는 것을 알 수 있었다.

하지만 자신이 원래 흥미 있었던 상품 이외에도 눈길이 가는 곳이 있다.

그것은 다음과 같은 것이 놓여 있는 매장이었다.

① 꽃과 잘 장식된 식물 등.

② 손으로 쓴 칠판 글씨 등 손으로 쓴 문자가 있는 곳.

③ 인형과 매장의 심벌 캐릭터나 동물 등 '얼굴'이 있는 곳.

이 3가지가 매장에 놓여 있는 곳은 어떤 종류의 상품을 취급하든지간에 여성의 눈길을 끌게 된다.

①의 '꽃'에 대해서는 단순히 '꽃'은 예쁘기 때문에 자신도 모르게 눈길이 갈 것이다(물론 말라버린 꽃이나 손질을 하지 않고 제멋대로 자란 화분은 역효과이다).

'꽃'에 관해서는 전체적으로 남성보다는 여성이 민감한 경향을 볼 수 있다. 따라서 '꽃'을 가꾸는 데는 손길이 매우 많이 가며 그것을 제대로 유지하는 매장이라면 섬세한 곳까지 서비스가 잘되지 않을까 하는 느낌이 여성에게 본능적으로 일어날 것이라 생각된다.

②의 '손으로 쓴 문자'란 그 나라의 언어뿐만이 아니라 영어 등도 상관없다. '손으로 쓴 글씨'라고 하지만 그중에는 '손글씨풍의 인쇄'도 포함된다. 그리고 역시 읽기 어려운 글씨는 안 되며 읽기 쉽고 좋아하는 글씨체가 눈길을 끌 것이다. 10대 여성이라면 둥근 글씨체일 것이고, 20대에서 30대 여성은 약간 기울게 쓴 필기체와

138

같은 영문자, 40대 이상이라면 달필의 개성적인 글씨에 눈길이 가는 경향이 있다.

③의 '얼굴'에 대해서는, 여아(女兒)는 아직 눈으로 확실히 사물을 판단하지 못하더라도 사람의 얼굴에 반응하고 남아(男兒)는 '얼굴'보다는 움직이는 물체, 예를 들어 모형자동차 등에 반응한다는 실험결과도 있다.

여성은 좋은 인간관계를 맺음으로써 안락한 생활을 영유해온 역사가 길기 때문에 사람의 '얼굴'을 잘 보는 습관이 본능적으로 생겼을지도 모른다.

사람의 얼굴만이 아니라 사물(예를 들어 양배추그림 등)이라도 눈, 코, 입이 있다면 얼굴로 생각하므로 여성은 눈, 코, 입이 없는 상태보다 있는 편에 더욱더 반응을 보인다.

매장과 상품을 만들 때에도 이 원리를 응용해 주어야 한다. 사람의 통행이 적지 않은데도 여성의 주목을 끌지 못한다고 생각하는 사람은 이 3가지 중에 2가지 이상을 동시에 시험해볼 것을 권한다.

따뜻한 색과 곡선을 선택하는 여성

여성이 쇼핑에 관한 행동에서 좋아하는 외관의 포장지나 팸플릿

색상 등은 찬 느낌의 색보다 '따뜻한 색'이 많다는 것이 사실이다.

찬 느낌의 색(청색, 녹색)은 어릴 때부터 '남자아이의 색'이라는 이미지가 있기 때문에 따뜻한 색이 '안락한' 느낌을 주는 이유도 있는 것 같다.

보다 폭넓은 여성고객에게 호응을 받으려면 따뜻한 색을 쓸 것을 권한다(특정 패션 지향의 사람을 타깃으로 한다면 모를까……).

또 여성은 직선보다는 '곡선'인 디자인을 좋아한다.

대개의 경우 남성들은 직선적인 표현을 하는 경우가 자주 있다. 다시 말해 지면에 곡선이 없는 것이다.

그러므로 전체적으로 둥근 인상을 주기 위해서는 선을 긋는 방법과 틀, 그리고 문자 등도 둥근 띠 모양을 권하고 있는데 그것만으로도 평균적으로 10~15%는 손님이 증가한다.

3

'정직'은 최강의 전략

결점이 있는 매장의 상품은 안심

여성고객이 안심하고 매력을 느끼는 곳은 '결점이 있는 매장의 상품'이다. 그렇다고 해서 결함이 있는 상품이 좋다는 말은 아니다.

예를 들어 품질과 디자인은 모두 훌륭하지만 가격이 높은 브랜드 백, 방부제를 쓰지 않아 유통기간이 짧고, 게다가 다른 곳에서는 살 수 없는 엄선된 재료를 사용하여 정말로 맛있는 전통과자점 등을 말한다.

또 세계 제1의 판매고를 자랑하는 미국의 할인점, 월마트는 매일 최대한으로 싸게 상품을 제공할 것을 약속하고 있는데 이를 달성하기 위해 세일은 절대로 하지 않는다는 방침을 취하고 있다. 그리고 팸플릿 광고도 하지 않는다. 그런 경비도 상품을 매일 저가에 공급하는 데 쓰이고 있는 것이다.

이와 같이 '초(超)'가 붙는 우량기업이라도 불가능한 일과 하지 않는 일도 있다. 그렇게 함으로써 '그런 일은 손님을 위해 지금은 하지 않지만(할 수 없다), 이런 일이라면 철저하게 하고 있다(가능하다).'라는 표현방법을 취할 수 있는 것이다.

여성은 결점이 쉽게 눈에 띄고 게다가 그 결점을 용서할 수 없으면 처음부터 사지 않으므로 불만고객이 생기지 않는다.

여기서 포인트는 '자사의 사정으로(귀찮다는 등의 태만한 이유로) 무엇인가를 하지 않는다.'고 결정하는 것이 아니라 '손님을 위해 무엇인가를 달성할 필요가 있으므로 ○○를 하지 않는다.'라고 표현하는 것이다.

예를 들어 '매일 가장 싼 상품을 제공하기 위해 여분의 경비를 줄일 필요가 있으므로 세일을 하지 않는다.'라든가 '품질을 유지하기 위해 우송 거리가 긴 지방에서는 판매하지 않는다.'라는 등의 표현이다.

손님에게 반드시 할 일과 해야 할 일이란 하나의 매장과 하나의 상품이라도 매우 많을 것이다. 그것이 너무 많아 여성고객에게 전달되기 어려운 것이 현재의 상황이라고 생각한다.

역으로 자신의 매장에 있는 상품에 대해 '해서는 안 될 일'이라는 것은 그 수가 적을 것이다. 그것도 손님에 대한 상품가치를 지키기 위한 수단이므로 더욱 적을 것이다. 이런 것들을 철저히 전달하여 매장의 상품에 표어로 만들 수 있다면 알기 쉬워질 것이다.

앞서 말한 전통과자점의 경우라면 '오늘 만든 신선한 상품밖에 판매하지 않는다. 따라서 먼 지방에 사시는 분은 사실 수 없다.'와 같은 표현이 된다.

계속된 불황 속에서도 여성고객의 지지를 받고 있는 매장의 상품에는 '하지 않는 일'과 '해서는 안 될 일'이 명확한 경우가 많다.

여성고객을 위해서 성실하고자 한다면 스스로 해서는 안 되는 일과 할 수 없는 일이 보일 것이다. 그것을 솔직히 표현하는 것이 할 수 없으면서 '무엇이든지 가능하다.'라고 하는 것보다 훨씬 안심과 기대감을 높여줄 것이다.

장점 신장법

어떤 매장의 상품이라도 결점은 있다.

하지만 그와 같은 결점이 있더라도 여성고객이 그것을 호의적으로 받아들여주거나 역으로 그것을 매력으로 느끼는 경우가 있다.

'결점은 감추지 않는 것이 여성고객에게 효과가 있다.'는 것이

필자의 지론이다. 단, 그 결점이 손님에게 불편을 주는 것이라면 결점을 고칠 노력을 완전히 그만두어서는 안 된다.

즉 손님이 큰 불편을 겪지 않는다는 전제하에, 그 결점을 고칠 노력을 할 정도라면 매장에 있는 상품의 장점을 살리는 데 심혈을 기울여야 한다는 것이다.

나는 이것을 '장점 신장법'이라 부른다.

　이는 장점을 철저하게 늘림으로써 단점까지 무마하고 효율적으로 업적을 올릴, 인재육성을 꾀할 경우에 효과적인 방법이다.
　실제로 나의 거래처 중에 번창 중인 매장도 거의 대부분이라 할 수 있을 정도로 우선은 장점을 살리는 데 전력을 다하고 있다.

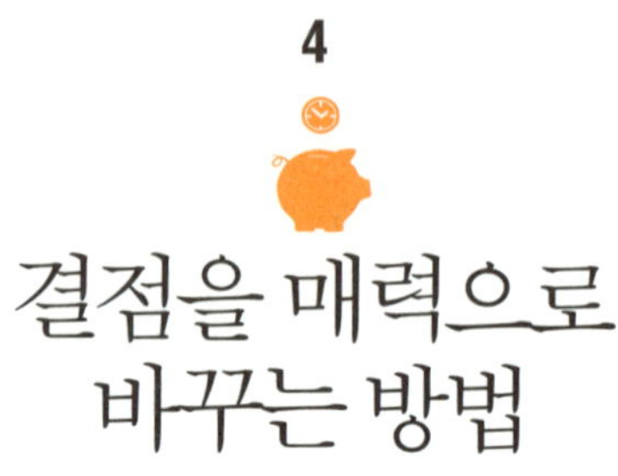

결점을 매력으로
바꾸는 방법

결점의 보완

어떻게 하면 결점을 매력으로 바꿀 수 있을까?

전항의 방법에서, 결점을 매력으로 표현한 예를 소개하겠다.

한 수공예품점에서는 같은 상권 내에 자신의 점포보다 두 배 이상 큰 점포가 두 곳이나 있었다. 가격 면에서는 별 차이가 없었지만 매장면적이 차이가 나는 만큼 상품 수에서는 어쩔 수 없었다. 특히 수공예품점의 경우 상품의 종류가 적다는 것은 단골고객의 요구를 충족시킬 만큼 상품이 갖추어져 있지 않는다는 것을 의미한다.

지금까지 업계의 상식은 많은 구매를 하는 단골고객일지라도 만족할 수 있는 대형점이 유리하다는 것이 상식이었다. 따라서 상품의 종류가 적다는 것은 이제까지의 업계상식으로는 치명적인 결점이었다. 게다가 물리적으로 점포를 늘릴 수 없다면 무언가 다른 방법이 없을지를 생각해 보았다.

이 매장은 모든 결점이 확실하지만 지금까지의 어필방법은, 결점은 어쩔 수 없다는 식이었고 손님을 위해 적극적으로 그 결점을 받아들이고 장점으로 바꾸려 하지 않았다.

우선 '장점'을 다시 생각해 보았다. 그러사 초보자나 기술이 없는 사람, 혹은 아이들에게라도 만드는 법을 가르치거나 즐겁게 만들 수 있는 재료를 갖추는 등에 대해서는 다른 곳에 비해 훨씬 수준이 높다고 판단되었다. 그래서 기술이 없는 사람이나 초보자를 위한 상품을 준비하고 만드는 방법을 가르쳐줄 수 있는 '가벼운 마음으로 수공예가 가능한 매장'으로 어필방향을 전환하였다.

대상고객과 대응방법을 바꾸는 것

이것은 '초보자에게 확실하게 대처해드립니다.'라는 것을 호소하고 있다. 단골고객을 대상으로 하는 일부 점포에서 초보자가 찾아오면 일일이 설명해야 하므로 귀찮아하는 경향이 있지만 이런 방법은 많은 효과가 있었다. 단지 표현을 바꾸기만 해도 고객의 수가 40%나 증가하는 것이다.

이 매장의 경우에는 일부러 '저희 매장은 물건의 종류가 적다.' 하고 표현은 하지 않았지만 여기저기에 '기술이 없더라도(초보자라도) 즐길 수 있다.'고 어필하였으므로 단골고객에게는 맞지 않는다는 것을 알 수 있다.

그럼에도 불구하고 팸플릿을 보고 지금까지 오지 않았던 프로수준의 손님도 찾게 되었다. 이런 사람은 매장의 취지가 '기술이 없어도 즐길 수 있는 곳'이므로 원래 자신이 흥미가 없던 분야(예를 들어 언제나 뜨개질을 하던 사람에게 있어 꽃꽂이)의 상품을 구매하게 되었다.

매장 앞에서 관찰하였던 바 단골고객을 상대로 물건을 팔던 매장에서 흔히 볼 수 있는 'ㅇㅇ상품 없어요?' 하는 문의가 줄어든 대신 매장의 상품을 '뭐 재미있는 게 없나?' 하는 시각으로 보게 되었다.

이것은 '우리 매장은 이렇다(초보자에게는 좋지만 프로수준의 손님에게는 부족할지도 모른다. 하지만 편한 마음으로 즐길 수 있는 상품을 갖추어 놓았고, 상담도 해드립니다).'라는 식의 대응을 하여 손님들도 이를 인식하게 되었다고 한다.

프로수준의 손님을 상대로 하고 있는 점포라고 생각했다면 틀림없이 실망했을 것이다. 하지만 '대상고객과 대응방법을 바꾸는 것'

148

만으로도 ‘만족스러운 점포’로 인식될 수 있는 것이다.

다시 말해 자사의 결점을 잘 파악하고 누구를 타깃으로 삼으면 그것이 장점으로 승화될 수 있을지, 아니면 어떤 방법을 취하면 장점으로 재탄생할 수 있을지를 생각하는 것이 중요하다.

단, 결점에 대해서 일부러 언급을 해야 하는지는 그 매장의 실천 자세가 철저하게 일관성이 있는지, 혹은 그 관점에서 여성고객들 사이에 지명도가 높은가, 하는 것들에 연관되어 있다. 결점을 드러내고 표현함으로써 오히려 친근감을 갖게 하는 경우는 업종이나 매장의 체질과 그 결점의 종류에 따라 다를 수 있기 때문이다.

이미지 업의 열쇠는
작은 것 ①

'구석 & 소품'

여성고객은 작은 단편적인 정보를 수집해서 이미지를 확대해 전체를 판단하는 경향이 있다.

이 여성심리를 그대로 해석하면 아무리 작은 것이라도 언제나 주의를 하지 않으면 안 되어 어렵다고 생각할지도 모르겠다. 하지만 반대로 생각해 아주 작은 노력과 시간으로 좋은 인상을 줄 수 있는 가능성이 있다는 말도 된다. 이것을 아는가 모르는가에 따라 매일 열심히 노력하지 않아도 여성고객에게 좋은 인상을 남기는 것이 가능하다.

여성고객의 이미지 형성력을 활용해서 자사에 대해 좋은 인상을 갖게 하기 위한 열쇠는 '구석 & 소품'이다.

무슨 뜻일까 반문하겠지만, 이는 여러 상황에서 쓸 수 있으므로 굳이 이런 추상적인 키워드로 하였다. 예를 들어보겠다.

한 숙녀복전문점에서는 '세련되고 고급스러운 이미지'를 연출하려고 생각했다. 고급스러운 이미지를 추구하려면 내장(內裝) 전반과 탈의실까지 고급이어야 한다. 하지만 그만큼의 자금이 없었다. 그렇다면 어떻게 할까?

예산이 한정되어 있다면 그 자원을 '구석 & 소품'에 철저하게 투입하는 것이다.

예를 들어 탈의실 문의 손잡이 디자인을 세련되고 고급스러운 것으로 하기만 해도 문 전체가 세련되어 보이다. 또 탈의실 안의 옷걸이도 이에 해당된다. 집기도 전부 바꾸는 것이 무리라면 끝 부분에 장식을 하는 것으로 이미지가 살아난다.

전체적 이미지는 작은 것에서

왜 이렇게 '구석 & 소품'에 힘을 쏟는가 하면, 실은 이것이 가장 차이를 두기 쉽고 그 차이가 눈에 띄기 쉽기 때문이다.

어떤 매장의 어떤 상품이라도 어느 정도의 수준에 이른(극단적으로 조잡한 것은 최근에 거의 볼 수 없어졌다). 상황에서는 거의 모든 회사가 질적 부분에 신경을 쓰고 있다. 이런 현상에서 차이를 둘 수 있는 것은 대부분의 남성 입장에서 보면 별로 상관이 없고 아무래도 좋다고 생각되는 곳에 있다.

폭넓은 연령의 여성에게 매우 인기가 있어 항상 손님들로 넘치는 한 식품매장에서는 물건을 사면 그 나름의 세련된 글씨로, 요리법이 적힌 포장지로 포장을 해준다. 그 포장지는 사장님의 독자적인 요리법으로 팬도 많다고 한다.

"포장지야 그럭저럭 예쁘기만 하면 되지." 하고 생각하지 말기를 바란다. 이렇게 언뜻 별거 아닌 것처럼 생각되는 작은 것에서 여성고객은 전체적인 이미지를 만들어 판단한다.

이미지 업의 열쇠는
작은 것 ②

말하기 쉽도록 연출

여성이 마음에 든 상품과 매장에 대해 소문을 내게 하려면 작은 것에 대한 연출이 잘되어 있어야 한다. 물론 상품과 매장의 질을 높여 여성고객을 만족시키는 것이 제일 중요하다. 하지만 그것만으로는 그 여성고객이 다른 사람에게도 '좋았어.' 하고 이야기해 주지 않는다.

만족한 여성고객이 다른 사람에게 말하고 싶게 하려면 '말하기 쉽도록 연출'할 필요가 있다. '말하기 쉽도록 연출'한다는 것은 '흥미를 가지고 들어주기 쉬운 것'을 연출하는 것을 말한다.

　예를 들어 'ㅇㅇ역 앞 제과점의 단팥빵이 맛있더라, 누군가에게 말해 주자.'고 생각한 여성고객이 친구에게 이야기를 했다.

　"너, ㅇㅇ역 앞 제과점 알아?"

　"응, 빨간 간판 제과점 말이지"

　"그래, 거기 단팥빵 먹어봤어? 정말 맛있더라."

　"응, 그래. 한번 사먹어 봐야지."

　이 여성고객은 그 맛을 확실히 전달하고 싶다고 생각해 이야기는 짧게 이 정도에서 끝내고 다른 화제로 옮겼다.

소문으로 손님을 끄는 3가지 방법

　이 제과점이 어떤 연출을 하면 더욱 화제가 되고 소문이 퍼지기 쉬울까?

　소문을 내기 위한 방법은 다음의 도표를 참고하기 바란다.

　이 중 한 가지 요소라도 있으면 그 소문으로 더욱 여성고객이 늘어날 것이다.

　① '눈에 확 띄는 차별성'의 예로써 '보리밥 정식' 전문식당이 있

1. 눈에 확 뜨이도록 차별화 하라.
2. 깜짝 놀라게 하라.
3. 득이 되는 정보를 제공하라.

다. 그곳에는 공중전화, 섯가락받침, 화장실까지 '보리'의 형태를 하고 있다.

이와 같은 연출은 '눈에 보이는' 것이므로 알기 쉽고 말을 전달하기도 쉬우며 금방 끝나버리는 화제도 아니다.

② 자신이 보고 깜짝 놀란 것은 실제로 체험한 것이라 더욱 '재미있는 이야기'로써 전달하기 쉽고 상대도 재미있게 들을 수 있다.

③ 처음 그 매장에 가는 여성고객에게 득이 되는 정보가 있다면 이미 그 매장을 이용해 본 여성고객도 더욱 이야기하기 쉬울 것이다.

예를 들어 친구가 흥미를 가질 것 같은 이벤트가 있다는 식의 정보는 말하는 사람이나 듣는 사람도 즐거워한다.

거래처인 취미용품점이 이전해 확장오픈을 할 때의 일이었다.

기존고객에게는 이전을 알렸다고는 하지만 실제 얼마만큼의 손님이 와줄지 아무래도 불안감이 있었다.

한데 개점 3일 전부터 기존고객이 계속해서 방문을 하는 것이었다.

손님들은 "축하드립니다, 넓고 훌륭한 매장이 되겠군요." 하며 꽃이나 화분, 그리고 손수 만든 장식품을 가져온 것이었다.

흔히 개업한 매장 앞에 업자들의 이름이 적힌 화환이 놓여 있기는 하지만, 이곳에서는 그 이름이 거의 개인의 이름으로, 고객들이 보내온 것이었다.

개점을 앞두고 이미 출입구는 손님들이 보낸 선물로 가득했다.

개점 준비로 바쁜 사장님이 그 선물들을 사진촬영하고 있었다.

"지금 뭐하세요?"

"손님들이 고맙게도 마음을 써주셨어요. 그래서 이렇게 잘 장식을 해두었다가 감사의 글과 함께 보내드리려고요."

그렇게 말하고 하나하나 촬영을 하는 것이었다.

이러한 마음 씀씀이가 여성고객의 지지를 얻을 수 있었던 것이라 생각한다. 물론 신장개업 후에도 대성황을 이루며 이 매장은 앞으로도 성장을 계속할 것이라 생각한다.

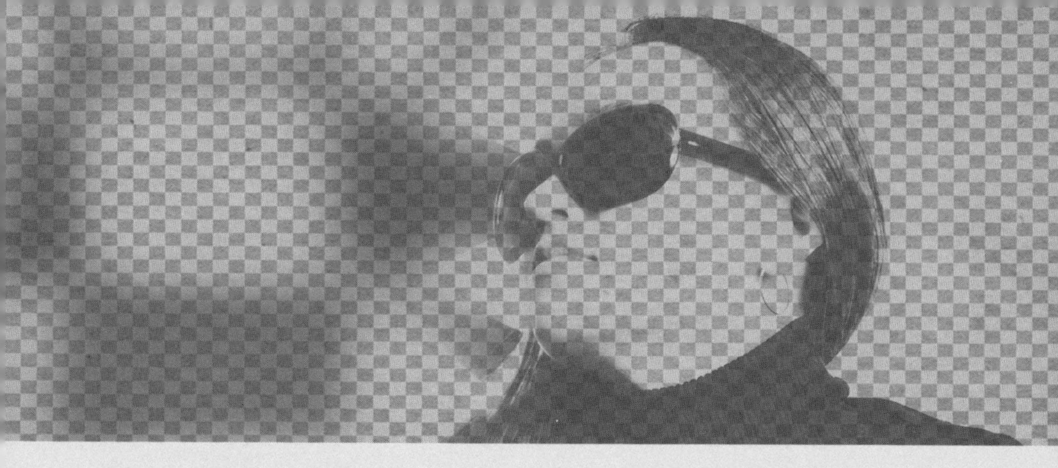

7장

여성고객의 마음을 계속 사로잡는 방법!

매장상품의 콘셉트

번창하는 매장의 공통점

여성고객을 일시적이 아니라 장기간에 걸쳐 만족시키는 상품은 그 결과가 실적으로 나타난다.

그렇다면 구체적으로 무엇을 보면 그것을 알 수 있을까?

① 여성고객의 매상고가 계속 늘고 있다.
② 여성고객이 계속 증가하고 있다.
③ 여성고객의 고객단위가 계속 증가하고 있다.

이와 같은 실적이 나타난다면 여성들에게 계속 지지를 받고 있다고 할 수 있다.

나는 매년 '여성고객의 마음을 사로잡아 계속 번창하는 매장'의 시찰여행을 개최하고 있다. 여러 업종의 경영자들과 여러 업종의 번창하는 곳을 돌아보는 것이다.

시찰하는 매장은 음식점도 있고 숙녀복매장, 생활 잡화점, 카페, 액세서리 숍, 가구점, 슈퍼마켓 등 의식주의 모든 분야이며 특히 여성고객에게 계속적으로 사랑받고 있다는 것을 기준으로 선별하고 있다.

게다가 시찰하는 매장에 대해서는 실세 스스로 손님이 되어 상품을 사는 등 철저하게 엄선하였다.

나는 '여성고객의 마음을 사로잡아 번창하는 매장'을 엄선하는 과정에서 '이들의 공통점은 과연 무엇일까?'를 발견하려고 했다. 번창하는 매장마다 공통적인 사항이 실천되고 있다면 다른 매장의 상품에서도 여성고객의 사랑을 받아 번창할 수 있다고 생각했기 때문이다.

그 결과 '여성고객의 마음을 사로잡는 법칙'을 단 한 마디로 정리할 수 있다는 것을 알 수 있었다.

그것은 '매장에 들어서는 순간(상품의 경우는 손에 쥔 순간), 그 매장의 콘셉트를 바로 알 수 있다.'는 것이었다. 이 법칙은 시찰여행에 참가한 모든 사람이 '확실히 그렇다.'고 납득을 하였다.

여기서 말하는 '콘셉트'란 것은 다음과 같은 것을 나타내는 것이다.

① 누구를 대상으로(어떤 손님, 특정 타깃).
② 어떤 상품을 통해.
③ 어떻게 도움이 될지(개별 타깃의 실천).

앞서 소개하였던 것이지만, 말로 표현하면 다음의 도표(163쪽)와 같다.

콘셉트는 반드시 필요하다

'콘셉트'가 확실하다는 것은 말하자면 '우리 매장의 상품은 이런 것이다. 마음에 드시면 사주십시오.' 하는 메시지가 곳곳에 표현된 상태이다. 사람으로 치자면 첫 대면에서 얼굴을 마주했을 때 '이 사람은 이럴 것이다.' 하고 알기 쉽게 상상할 수 있는 사람이다.

그럼 '콘셉트'가 확실히 정해지지 않았다, 또는 정하지 않은 경우에는 어떻게 하면 좋을까?

'콘셉트'가 결정되지 않는다는 것은 자사, 매장, 또는 자사 상품의 '강점'을 잘 모른다는 이야기가 된다.

162

1. 적당한 가격에 양질의 식생활을 제공하는 식품매장 (F).

2. 상품의 다양성은 떨어지지만 신선하고 싼 가격이 매력인 식품매장 (M).

3. 가격도 싸지 않고 시간도 걸리지만 대를 이어 쓸 수 있는 가방을 주문 생산하는 가방전문점 (A).

4. 적당한 가격에 여러 가지 취향에 센스 있는 생활잡화를 파는 종합생활잡화점 (I).

그렇게 되면 자사(상품)의 매장에 대해 여성고객에게 제대로 전하기 어렵다. '전달이 어렵다.'는 것은 여성이 상품과 매장을 고를 때 머리에 떠올리는 '선택 폭 리스트(A점에서 살까 아니면 B점으로 갈지를 생각할 때 비교하는 것)'에도 오르지 못하게 된다. 전달이 어려우면 인상에 남지 않기 때문이다.

예를 들어 원피스를 사려고 생각했을 때, 근처의 숙녀복전문점이나 백화점, 혹은 단골가게로 가야 하는지의 '선택 폭 리스트'가 있다는 것이다.

163

　하지만 '콘셉트'가 없는 매장이라면 이 '리스트' 안에도 들어가지 못한다.

　따라서 앞으로도 여성고객의 마음을 사로잡고 싶다면 '콘셉트'는 반드시 필요하다는 것을 이해해 두어야 한다.

콘셉트 만들기의
힌트

여성고객에게 지지받는 콘셉트

전항에서 '콘셉트'를 결정하기 위해 필요한 것은 '누구에게, 무엇을, 어떻게' 제안할지를 정하는 것이라고 말하였다. 물론 아무런 근거도 없이 결정한 것이 아니다. 여성고객에게 지지를 받는 '콘셉트'를 만드는 방법이 있다. 우선 가장 먼저 해야 할 일은 자사 매장이나 상품의 '장점'을 생각해 보는 것이다. 아무리 작은 것이라도 상관없다. 일단 열거해 보자.

주로 열거되는 것들의 예는 다음과 같다.

① 싼 가격.

② 신속성.

③ 품질(신선도, 내구성, 소재의 질, 제조 과정의 질 등).

④ 디자인(색, 모양, 사이즈, 촉감 등).

⑤ 다양한 종류의 상품.

⑥ 서비스.

⑦ 쾌적한 매장.

'이 정도만으로는 아직 잘 모르겠다.'고 생각하는 경우에는 구체적으로 자사의 라이벌을 떠올려보고, 그 회사보다 뛰어나다고 생각되는 것을 써보자.

한 A업체의 예를 들어보겠다. 그 인테리어업계는 저가경쟁이 심해져 큰 회사일수록 설비투자에 힘을 쓰고 있으므로 앞으로 더욱 가격경쟁이 격렬해질 업종이다. 이 A업체는 크지 않은 규모에 가격경쟁으로는 이길 수 없었다. 나는 이 업체의 경영자에게 물었다.

"대형업체인 ○○와 비교해서 귀사의 강점은 무엇이에요?"

"글쎄요, 강점이라면 섬세한 대처라고 할까요."

"그건 무슨 뜻이죠?"

"예를 들어 ○○사(경쟁사)의 경우라면 가격이 싸서 그만큼 단시간에 하지 않으면 이익이 없습니다. 따라서 이상이 있거나 하자가 생겨도 즉시 대처해 주지를 않습니다. 우리의 경우는 가격이 싸지 않은 대신 세세한 곳까지 확실히 손을 봐줍니다."

"그렇군요. 그러니까 구석구석까지 확실한 것을 원하는 사람이라면 매우 흡족해할 기술이 있다는 말이군요."

"그렇다고 할 수 있죠."

"그것이 귀사의 장점이므로 그것을 선전해야겠어요."

이와 같이 '타사와 비교해서 장점을 생각해본다.' 는 것이 콘셉트 만들기의 힌트가 되는 것이다. 여기에 나온 장점이 타사와 자사를 차별화 하는 요인이 되는 것이다.

손님이 제일 잘 아는 '장점'

타사와 비교해도 자사의 장점을 잘 모를 경우도 있다. 그럴 때는 '손님에게 직접 들어볼 것.'을 권한다. 구체적으로 자사제품을 구매해 주는 여성고객에게 직접 물어보거나 설문조사를 해보는 것이다.

"왜 이 상품을 사셨습니까?"와 같은 취지로 묻는다면 '장점'의 힌트가 보일 것이다. 손님이 구매하는 배경에는 반드시 무엇인가 좋은 점이 있기 때문이다. 따라서 실제로 상품을 사서 쓰는 사람이 장점에 대해 가장 잘 알 것이다. 타인에게 물어보면 자신들은 전혀 깨닫지 못했던 장점을 깨닫게 되는 경우도 있으므로 이 방법은 시험해볼 가치가 있다고 생각한다.

한 생활 잡화점에서는, 우리의 장점은 '비싸지도 싸지도 않은 적당한 가격에 실용적인 상품을 준비한 것.'이라고 생각하고 있었다.

하지만 여성고객들에게 설문조사를 해보니 "왜 이 물건을 고르셨죠?" 하는 질문에 대해 "귀여워서." 하며 생각조차 하지 않았던 대답이 압도적으로 많았다.

그 대답을 기준으로 '콘셉트'를 다시 세우게 되었다.

'하고 싶은 것',
'해야 할 것', '할 수 있는 것'

호황업체 경영자의 공통점

지금까지의 항목에서 말한 것에 덧붙여 '콘셉트'를 생각할 때, 앞으로의 전망을 확실히 떠올리는 것도 중요하다.

그러기 위해서는 '자사의 상품을 어떤 상품으로 만들고 싶은가.', '매장을 어떻게 하고 싶은가.' 등 일단 무엇이든 좋으니 자신의 '희망, 소망' 즉 '하고 싶은 것.'을 써보기를 권한다.

'고급 지향의 매장이 되고 싶다.'는 것도 하나의 희망이고 '전국 방방곡곡의 여성고객이 찾는 상품을 만들고 싶다.'는 야망에 가까운 것도 물론 좋다. 이 소망을 그대로 실천하겠다는 것이 아니므로 안심하고 적어 내려가 보기를 바란다.

왜 이런 '희망, 소망'을 확실히 하는 것이 중요한가 하면 사람은 누구나 마찬가지라 생각하지만, 자신이 정말로 '하고 싶다.'고 생각하지 않으면 열심히 노력하거나 그것을 위해 열중할 수 없기 때문이다. 억지로 하는 일일수록 맥이 빠지는 것이다. 정말로 무엇인가를 원하여 꼭 달성하겠다고 생각하면 그것을 달성하기 위한 힘이 커진다는 뜻이다. 따라서 이런 자신의 소망을 자사의 콘셉트 속에 포함시킬 필요가 있는 것이다.

또한 거래처 기업의 번창하는 매장경영자에게는 공통점이 있다. 그것은 '즐겁게 장사를 하고 있다.'는 점이다. 싫어하는 것을 전부 피할 수는 없지만 그래도 본인들은 "장사는 즐겁다."고 말한다.

"무엇이 재미있습니까?"

"좋아하는 일을 하고 있기 때문이겠죠."

여지없이 한결같은 대답이다.

가장 현실적인 콘셉트

한편 자사가 '해야 할 것'도 빼놓을 수 없는 요소이다. 이 '해야

170

할 것'에는 크게 2가지 의미가 있다.

먼저 첫 번째로, 당연히 회사 통념상 해서는 안 되는 것에 반기를 들면 안 된다. 이것은 업계에서 자사의 포지션에서 생각하고 취해야 할 전략이라는 의미도 포함되어 있다. 즉 현 사회의 요구를 생각해 보고 취해야 할 바른 길이라는 의미가 된다.

예를 들어 환경의식이 높은 지역에서 환경을 악화시키는 등의 일은 하지 않는다는 것이다.

두 번째는, '소망'을 이루기 위해서 하지 않으면 안 되는 것도 여기서 말하는 '해야 할 것'에 들어간다.

예를 들어 '전국방방곡곡에서 쓰일 상품을 만들고 싶다.'고 생각한다면 어떤 지역이라도 판매할 수 있는 판매망을 구축하고 누구나 살 수 있는 가격을 설정하는 것이 '해야 할 것'이 된다.

'해야 할 것'은 이하의 체크 포인트에서 생각해 보면 더욱 알기 쉬울 것이라 생각한다.

① 지역 입지에 맞는가(요구, 취향 등).
② 시대에 맞는가(많은 사람들의 지지를 받고 옳다고 생각하는가).
③ 전략이 바른가(업계에서의 포지션 등에 의한). 그것을 행함으로써
　　여성고객의 지지를 받을 수 있다고 생각하는가.
④ 소망을 달성할 수 있는가.

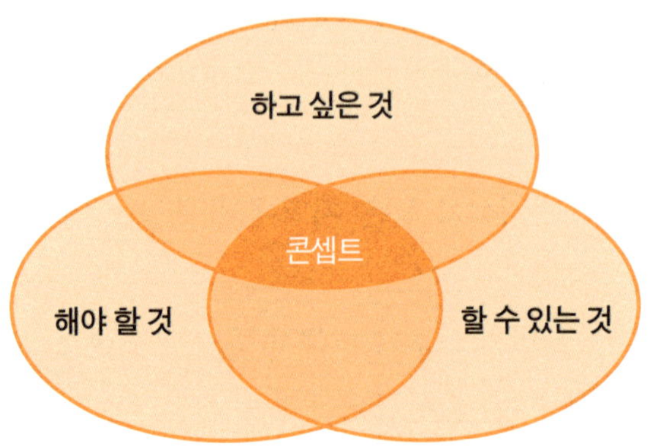

내용상으로는 대립해도 상관없으므로 이것들을 열거해 나가는 것이다. 나중에 얼마든지 수정이 가능하니까.

그리고 여기서 말하는 '할 수 있는 것'은 내용적으로는 앞에서 말한 '장점'과 거의 같다고 생각하면 된다. 말하자면 자사가 자신 있게 여성고객에 대해 가능한 것을 열거하는 것이다.

이 3가지 요소 '하고 싶은 것', '해야 할 것', '할 수 있는 것'의 겹치는 부분을 찾는 것이 가장 현실적인 '콘셉트'를 만드는 작업이 된다.

172

콘셉트 표어의 결정

고정 타깃의 설정

여기까지가 '콘셉트'를 결정할 때까지의 기초 작업이었다. 여기서부터는 실제로 '콘셉트' 만들기의 과정을 실례를 기준으로 해설하겠다.

앞서 소개한 인테리어업체의 사례이다.

먼저 '콘셉트'를 만들기 위해서는 '누구(어떤 사람)'를 고정 타깃으로 생각하면 좋을지 생각한다.

이 업체는 일은 많이 들어오지만 가격을 낮추도록 강요하는 건설업자가 가장 큰 거래처이므로 큰 경쟁업체를 당할 수 없다. 그래서 다른 타깃이 없는지 검토해 보았다. 우선은 일반가정을 '고정 타깃'으로 하기로 했다. 개인주택을 가진 일반가정에는 아직 큰 경쟁업체에서 손을 대지 않았기 때문이다.

다음에 생각할 것은 '어떤 상품'을 제공할까 하는 것이다.

제공하는 상품은 인테리어라는 것에 변화는 없지만 종류와 가격에 여러 가지가 있다. 현재 일반가정에서는 중·하 가격의 실내장식품이 제일 많이 나가므로 이 가격대의 상품에 역점을 두는 것이 좋을 것이라 생각했다.

다음으로 '어떻게' 제공할 것인가를 생각한다.

일반가정을 상대하므로 다른 서비스업과 마찬가지로 '확실한 서비스'를 하겠다는 희망이 있었다. 질이 낮고 싼 물건을 많이 파는 것이 아니라 구석구석까지 최선을 다해 제공하겠다고 생각했다.

여기까지는 아직 가설의 이미지 만들기 단계이다. '나중에 수정할지도 모른다.'고 생각하고 일단 결정해 주기를 바란다. 아직 이 단계에서는 콘셉트가 막연하다. 여기서부터 조금씩 작업을 진행해 구체화해 나가는 것이다.

다음은 ‘장점’에 대해 생각해 보자.

이 인테리어업체의 장점은 ‘섬세한 대응(서비스)’이었는데 이것만으로는 막연하다. 자사에서 장점을 알기 어렵다면 손님에게 물어보는 것이 다음으로 취할 방법이다.

따라서 이 인테리어업체는 지금까지 그곳에 의뢰한 일반가정에 ‘왜 우리 업체를 선택했는지?’ 설문조사를 실시하기로 했다. 그 결과는 좀 의외의 것이었다.

“전화통화의 느낌이 좋아서 안심할 수 있었다.”, “가격이 확실히 명시되어 있어 예산을 짜고 안심하고 의뢰할 수 있다고 생각했다.”, “다른 사람에게 ‘좋다’고 추천을 받았다.” 등의 것이었다.

기술력 등으로 평가될 줄 알았는데 실제로는 그 이외의 것, 접객과 판매방법 등이 좋은 평가를 받고 있었던 것이었다.

그래서 왜 이런 결과가 나왔는지 그 원인을 생각해 보았다.

일반가정의 고객은 프로가 아니므로 기술의 차이를 확실히 알 수 없다는 것을 알았다. 프로가 “보세요, 빈틈이 전혀 없죠?” 하고 말했을 때 처음으로 ‘정말 그렇다.’고 느끼는 것이다.

당연히 기술력이라는 것은 품질을 말하므로 그것을 전달하는 방법도 매우 중요하다. 또한 기술력만이 아니라 그 이외의 요소, 즉 ‘안심하고 의뢰할 수 있다.’는 것이 지금까지 알아본 결론이라 할 수 있다.

알기 쉬운 콘셉트로 10배의 반응

마지막으로 확인 작업이다.

'하고 싶은 것', '해야 할 것', '할 수 있는 것'을 구체화시켜 보겠다.

먼저 '하고 싶은 것'은 일반가정에 대해 '확실한 대응(서비스)'을 하는 것이다. 다시 말해 싸고 질이 떨어지는 장사를 하지 않는다는 것이다. 가격은 내릴 수는 없지만 만족할 만한 대응을 한다는 것이다.

다음으로 '해야 할 것'인데 이것은 업계에서의 위치에서 보더라도 가격경쟁에 휩싸이면 이길 수 없다는 것이다. 따라서 전략적으로 보더라도 아직 시장의 손길이 뻗치지 않은 일반가정을 타깃으로 하는 것은 옳은 판단이라고 생각한다.

그리고 '할 수 있는 것'인데 중·하급의 실내장식들을 중심으로 판매해 나간다면 수량이 많지 않더라도 충분히 이익창출이 가능하므로 접객이나 기술면에서 섬세하게 대응할 수 있다.

단, 그 업체의 능력을 생각해서 너무 멀리까지 출장을 가지 않고

근거리작업을 한다는 조건을 붙였다. 그렇게 함으로써 여성고객이 불안하게 생각하는 것에 대해 더욱 섬세한 서비스가 가능할 것이라 생각했기 때문이다.

예를 들어 '와주세요.' 하면 '바로' 갈 수 있는 체제를 만들고, 예산에 맞추어 그에 맞는 장식을 한 뒤, 1년 후에 정기점검을 하는 등의 서비스를 제공하는 것이다.

이와 같은 과정에서 이 업체의 콘셉트는 '지역에서 일반가정이 안심하고 부탁할 수 있는 편리한 인테리어업체'가 되고, 짧게 줄이면 '안심, 편리한 인테리어전문점'이 표어가 된나.

이 콘셉트 표어가 결정될 때까지는 팸플릿을 살포해도 반응이 신동치 않았지만 이 콘셉트를 전면에 내세워 어필한 결과 팸플릿에 대한 반응이 10배로 오르는 쾌거를 이루었다.

1	2	3
누구에게	**어떤 상품을**	**어떤 식으로**
(고정 타깃 선정)	(팔 상품 종류를 선정)	(판매 수단의 선정)

제공할지를 정한다.

※ 가설 이미지 만들기 단계이므로 아직 막연하다.

장점을 추출한다.

※ 구체화 하는 것이 중요. 손님 앙케트 등도 효과적.

1	2	3
하고 싶은 것	해야 할 것	할 수 있는 것

구체화 한다.

콘셉트 표어 결정!

5

여성고객이 꿈꾸는
'이상 세계'의 묘사

한 단계 위의 콘셉트

전항까지 '콘셉트'의 예는 말하자면 '자기소개'였다. '이 상품과 이 매장은 이러이러한 장점과 특징이 있다.'라는 식의 표현방법을 취하였다. 이런 표현이 된 다음에 '여성고객의 공감을 더욱더 얻을 수 있는 콘셉트 표현'이라는 것이 있다.

그것은 자사의 장점을 포함하면서 여성고객에게 '이렇게 즐기기를 바란다.', '이런 시간을 보내기를 바란다.'는 것과 같은 여성고객이 '선망하는 모습'을 메시지로써 발신하는 것이다.

그것은 어떤 것일까? 실제로 여성고객의 계속적인 지지를 받는 매장의 예를 들어보겠다.

① 적당한 가격에 좋은 질의 식생활을 제공하는 식품매장 F.
② 종류는 다양하지 않지만 신선도와 저렴함이 장점인 식품매장 M.

①의 식품매장의 경우 여성고객에 대한 메시지는 '매일 식품을 사는데 무리해서 비싼 것을 살 필요는 없지만, 정성을 다해 만들었으니 안심하시고 드시어 건강하고 즐거운 가정을 만들어주십시오.' 하는 것이 될 것이다.

②의 식품매장의 경우 여성고객에 대한 메시지는 '제철식품이 싸고 영양가도 높다. 이런 것을 매일 드시고 몸도 튼튼하고 통장도 튼튼해지십시오.' 하는 것이 될 것이다.

즉 같은 업종이라도 여성들에게 전달하는 메시지는 달라지는 것이다. 여성들은 발생된 메시지를 감각적으로 무의식중에 접하고 '공감'할 수 있는 것을 선택하는 것이다.

이러한 '메시지'는 말하자면 '가치관'을 좀 더 자세히 말하자면 '시간과 돈의 사용방법'을 제안하고 있는 것이다. 즉 '이런 가치관을 중심으로 한 생활은 어떻습니까?' 하고 제안하고 있는 것이다.

제안 받고 싶어 하는 여성들

여성들에게 있어서 왜 이와 같은 어필방법이 매력적인 것일까?
그것은 여성들이 무엇이든 고민을 잘하기 때문이라고 생각한다.
부모세대에서는 괜찮았던 것이 지금도 괜찮다고 단정할 수 없는
것이 요즘의 실정이다. 결정해야 할 것이 너무 많아 "이런 생활은
어떠십니까?" 하고 제안하면 자신도 모르게 기뻐하게 될 것이다.
역으로 말해 어성고객은 제안을 받고 처음으로 갖고 싶다고 느
낄 수도 있다. 우선 '이상적인 모습'을 머릿속에서 그려보고 현실과
거리가 있다고 느끼기 때문에 그것을 채우고자 하는 욕구가 생겨난
다. '이상적인 모습', '이상적인 생활', '이상적인 시간의 활용' 등의
이미지를 떠올리지 않으면 갖고 싶다고 생각하지 않는 것이다.
"늦잠 30분보다 커피타임 15분, 상쾌하게 하루를 시작한다(세련
된 카페의 메시지이다)."라는 문구를 보고는 '그래, 그럴 듯해.' 하
며 생각하는 것이다.

'인생수행' 골프장

끝으로 여성고객을 위한 메시지를 포함한 콘셉트를 만들어 실천

여성고객의 공감을 한층 더 사기 위해서는?

「이상적인 모습」을 메시지로 발신.

「시간과 돈」의 사용 방법을 제안.

여성고객은 무엇이든 고민한다! = 제안 받으면서 필요성을 느낀다.

하고 있는 인기절정의 골프장을 소개하겠다.

이 골프장은 전국에 수십 개나 되는 체인 중에서도 입장객수 1위라는 기록을 가지고 있다. 이 기록은 타사를 포함해 전국규모로 보더라도 1~2위를 다툰다.

하지만 이 골프장은 코스가 어려워 초보자에게는 걸맞지 않았고 오히려 프로들이 반복적으로 찾는 곳이었다.

입지조건도 그다지 좋지 않다. 주요도로에서도 멀며 골프장까지의 길을 찾기가 어렵다. 게다가 가까이 경쟁업체가 많이 있다.

그런 상황 속에서 이 골프장 지배인은 자사의 확실한 콘셉트를 찾고 있었다.

'우리의 장점은 무엇일까? 손님에게 인정받고 있는 것은 〈분위기〉와 〈친절한 직원〉인데…… 하지만 무엇인가 부족한 느낌이야…….' 하며 생각했다고 한다.

'여성고객 중 대다수는 시간과 금전적 여유가 있는 중년 이상이다. 이런 사람들이 기뻐할 게 무엇일까…….'

"대체 골프는 왜 한다고 생각하나요?"

어느 날 지배인이 내게 물었다.

"원래는 놀이라고 생각합니다. 술을 마시고도 즐길 수 있는 스포츠는 달리 없으니까요. 하지만 꼭 말하자면 인생수행이겠죠."

이 말에 지배인은 '앗!' 하고 깨달았던 것이다.

'맞아! 골프는 인생수행을 위해 한다. 하지만 육체적 고행이 아니라 정신을 집중하여 스스로에게 때로는 엄하고, 때로는 관대함 속에 조심해서 해야 하는 것이다. 게다가 이 골프장은 옛날에 수행승려들의 절터가 있었다고 한다. 이것을 콘셉트로 하면 되겠어!'

이렇게 해서 이 골프장은 '즐겁게 인생수행을 하시려면 우리 골프장을 찾아주세요. 정신을 단련하고 몸을 움직여 건강한 생활을 합시다.'라는 메시지를 전달하였다. 적당한 긴장도 주며 편안한 동양적 '수행장'의 분위기를 만들기 위해 지금도 여전히 노력하고 있다.

184

여성고객과 관계를
유지하는 '전략'

관계유지 최우선의 법칙

장사방법에는 여러 가지가 있다고 생각하지만 크게 2가지로 나눌 수 있다.

그중 하나는, 한 번 팔아서 그 이익을 가능한 크게 남기려는 타입으로, 이것을 '수렵형' 상술이라 부른다.

또 하나는, 한 번에 큰 이익을 올리는 것보다는 몇 번이고 다시 찾게 해서 이익을 내는 타입으로 이것을 '농경형' 상술이라고 부른다.

여성고객에게 오랫동안 사랑받는 상품과 매장을 만들고자 한다면 ‘농경형’ 타입의 상술을 권한다.

‘수렵형’과 ‘농경형’의 가장 큰 차이는 사고 난 다음, 다시 사도록 하는 전략의 유무에 있다고 생각한다. 다시 말해 다음을 위해 씨를 뿌렸다는 말이다.

‘수렵형’ 상술도 단기적으로는 성립이 된다.

내 경험에서 예를 들어보면, 인기 있는 관광지에서 그 지역 평균적 가격을 훨씬 넘는 음식점과 ‘일생에 단 한 번뿐인 순간, 당신을 위한 무대이다.’라고 유혹하는 결혼식장 등이 머릿속에 떠오른다.

‘수렵형’ 상술은 손님과의 ‘관계유지’를 전략의 중심에 두지 않기 때문에 한 번에 커다란 이익을 올리려고 무리를 한다. 가능한 가격이 높은 것을 권하려고 긴 시간 설득을 하는 등 결국 억지로 손님에게 구입을 강요하듯 하므로 나중에 불만의 씨앗을 만들기 쉽다.

‘관계지속’을 염두에 두지 않으면 ‘팔면 그만’이라고 생각하게 되어 불만이 극에 달하게 될 것이다. 그렇다면 다른 손님을 소개해주는 일은 절대 없을 테니까 또다시 새로운 손님을 찾아 혈안이 될 것이다.

그렇게 해서 새로운 손님을 찾을 수 있다면 좋지만 구매를 한 손님에게 제대로 서비스를 하지 않았으므로, 나쁜 소문과 오해가 풀리지 않은 채로 남아 있어 장사를 하기가 힘들어지는 경우가 있다.

내가 말하는 ‘관계유지 최우선의 법칙’은 특별히 일상용품을 취급하는 소매점에 국한된 것이 아니다.

'50년에서 100년에 한 번 사면 많이 산편이다(태어나서 죽을 때까지 딱 한 번만 필요한 물건).'라고 하는 비석조차도 이 법칙을 지키는 곳이 번창을 하는 것이다.

저단가, 고빈도 상품

'관계지속 최우선의 법칙'을 실천하기 위해서는 여성고객과의 '관계를 유지시켜 줄 만한 상품이나 메뉴'와 '관계를 유지시킬 판매방법'이 전략적으로 필요하다. 여기서는 '관계를 유지시켜 줄 상품과 메뉴'를 만드는 방법에 대해 이야기하겠다.

'관계를 유지시켜 줄 상품과 메뉴'란 첫째, 반복해서 구입하거나 구입하고 싶어지는 상품을 말한다.

반복해서 구입하는 상품이라는 것은 필수품으로 저가격의 것인 경우가 많다(이것을 저단가와 고빈도 상품이라 부른다). 예를 들어 슈퍼마켓의 휴지나 소주, 의류점의 양말이나 속옷 등이 있다.

실제로 상권 내에서도 가장 싸고, 게다가 고품질의 양말을 판매하고 있는 신사복전문점은 찾는 손님이 늘어 저가경쟁이 격렬한 속에서도 이윤이 증가하고 있다.

왜냐하면 신사용정장은 그다지 빈번하게 사지 않지만 양말은 자

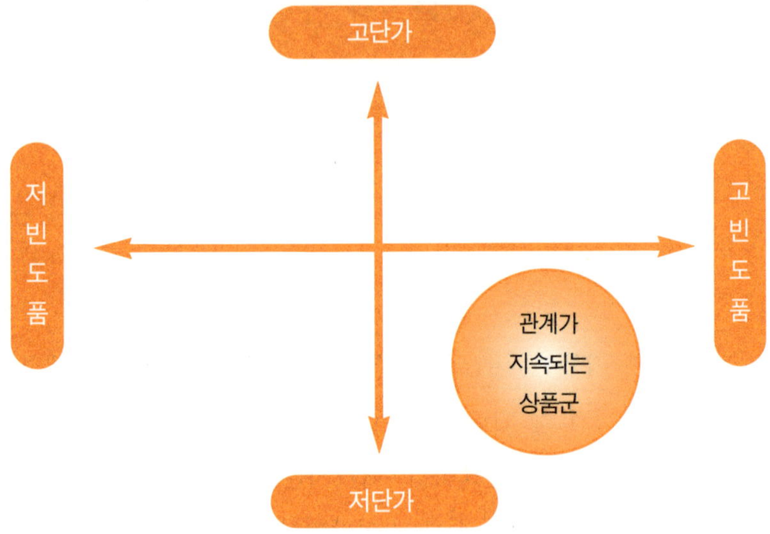

주 사야 하므로 여성들이 양말을 사기 위해 신사복매장을 찾는다. 사려는 의향이 없더라도 매장에 들러준다면 판매기회는 그만큼 늘어난다. 실제로 이 매장은 다른 신사복전문점과 비교해 다시 찾는 손님의 비율이 높다.

이와 같이 저단가와 고빈도의 상품이면서 여성고객의 마음에 든다면 몇 번이고 다시 찾아주므로 '관계가 유지'되는 것이다.

또 하나 '관계를 유지시켜 주는 상품과 메뉴'에는 다음번 판매로 이어지는 상품을 말한다.

1. 보석점의 보석 리세팅.
2. 주택 리모델링업의 수리 등의 작은 공사.
3. 시계점의 전지교환, 수리 서비스.
4. 중국집의 만두.
5. 세탁소의 와이셔츠.
6. 의류점의 양말.
7. 비석점의 비석 수리.
8. 납골당의 관리, 향 등.

항상 여성고객으로 가득해서 예약을 하기도 힘들 정도로 인기가 있는 한 미용실에서는 커트를 하는 동안 다음번 헤어스타일에 대해 상담해 주고 "다음에는 컬러링에 도전해 보시면 어떨까요?" 등과 같이 권하는 것이었다.

즉 판매하고 있는 시점에서 다음 상품을 판매할 기회를 만들어 두는 것이다.

이와 같이 다음에 살 상품이 어느 정도 결정되면, 필요할 때 사러 올 확률은 결정되지 않은 경우보다 높아지는 것이다.

7

여성고객과의 관계를
지속하는 '전략'

여성고객과의 관계 유지

전항에서는 여성고객과의 '관계를 지속하는' 전략, 그러기 위한 상품과 메뉴에 힘을 기울이는 것에 대해 이야기했다. 그리고 이 항에서는 상품과 메뉴 자체가 아니라 '판매방법의 아이디어로 얼마나 여성고객과의 관계를 유지할 수 있을까.'에 대해 이야기하고자 한다.

그 방법으로써 가장 빠른 것은 여성들이 상품을 구입할 때 다음에 구입할 가능성이 있는 관련 상품을 소개하는 등 '구매 시점에서 다음 판매를 촉진해 두는 것.'이다.

내가 자주 가는 약국은 근처에 경쟁약국이 4곳이나 있지만 항상 여성들로 가득하다.

거기서는 예를 들어 다이어트 식품을 사면 "손님, 지금 보조영양제가 아주 인기 좋습니다. 오늘 사신 상품과 함께 복용하시면 더욱 더 효과적입니다. 다른 손님들도 많이 찾고 있습니다. 샘플과 설명서를 함께 넣었으니 한번 시험해 보세요." 하면서 그 보조영양제의 샘플과 설명서를 봉투에 넣어준다.

그런 상품이 있는지 잘 몰랐기 때문에 설명서를 읽어보고, 샘플을 시험해본 후에 결국 다음에 갔을 때는 자신도 모르게 그 상품을 사고 말았다.

손님들로 계산대가 복잡했지만 처음부터 어느 정도 준비를 해두어서인지 그다지 기다린다는 느낌이 들지 않았다.

또한 거래처인 취미용품점에서는 그 달의 신상품과 추천 상품 정보가 실린 팸플릿을 구매고객에게 주고 있다. 이렇게 함으로써 손님이 모르는 상품을 알 수 있는 기회가 되어 다시 구매기회로 이어지고 있다. 실제로 다시 찾는 기간이 평균적으로 약 2주간 단축되었다.

또 하나의 예도 있다.

거래처인 생활 잡화점에서 여름방학 이벤트로 아이들을 위한 '수공예 교실'을 개최한 적이 있다. 주인은 그 모습을 사진으로 찍어 매장 안에 게시하였다.

그것을 보고 주인에게 물었다.

"사장님, 이 사진은 어떻게 하실 거죠?」

"네, 특별히 어떻게 할지는 생각하지 않았습니다. 일단 게시하면 화제가 될 것 같아서……."

"부모님들은 알고 계시나요?"

"아는 분도 계시고 모르는 분도 계시고……."

"그것 참 아깝네요, 예를 들어 '사진을 드리고 있으니 지나가시는 길에 들러주십시오.' 하고 알리면 다시 찾아주지 않을까요?"

"참, 그렇군요."

이렇게 해서 손님들이 기입해준 전화번호로 연락을 했다고 한다. 그 후, 대부분의 사람들이 사진을 받으러 왔다가 들른 김에 매장을 둘러보고 구매를 하였다고 한다.

이와 같이 상품소개만이 아니라 여러 기회를 만들어 다시 찾을 수 있는 계기를 만들 수 있다.

여성고객에게의 DM 발송

매장에서가 아니라 손님이 돌아간 후 유효한 것은 '다이렉트 메일(DM)'이다. 말하자면 여성고객에게의 안내 및 초대장이다.

이를 효과적으로 하기 위해서는 크게 2가지 방법이 있다.

첫째, 자주 구매해 주는 단골에 한해 이벤트를 열거나 전화 등을 이용해 정중히 초대하는 방법이다.

'당신을 위해 기획한 이벤트이다.'라는 표현은 다시 찾아줄 확률이 높아진다.

이것은 대상고객이 비교적 소수의 경우로 단골이 확실한 경우, 또는 매장의 직원들과 대인관계가 있는 경우 유효하다.

둘째, 단골 이외의 손님에게도 방문을 촉진하는 방법이다.

이때 DM의 내용은 물론 '빈도'가 매우 중요하다.

무슨 말인가 하면, 여성들에게는 모두 각자의 상황이 있다. 대인관계가 전혀 없는 점포에서의 초대는 '그 여성고객과 타이밍이 맞는지'가 크게 영향을 끼친다.

여성들이 한 사람 한 사람의 사고 싶은 순간의 타이밍을 알면 좋겠지만 그것까지 파악하는 것은 현실적으로 불가능할 것이다. 그렇다면 빈도로 승부를 걸 수밖에 없다.

많은 빈도로 DM을 보낸다고 해도 항상 큰 세일을 하라는 의미가 아니다. 극단적인 경우 팔기 위한 DM이 아니라도 상관없다.

거래처인 인테리어업체에서는 기존고객에 대해 정기적으로 실내장식의 유지방법과 계절에 맞는 요리방법을 게재한 '인테리어신문'을 보내고 있다.

그렇게 함으로써 고객들에게 기억하게 하고, 또한 소개를 받는 등의 효과도 얻을 수 있다.

한 취미용품점에서는 매장의 날짜별 이벤트 정보를 게재한 '달력 팸플릿'을 원하는 사람에게 FAX나 우편으로 발송하고 있다.

특별히 세일을 하는 것은 아니지만, 역시 보고 있으면 갖고 싶어질 것이다. DM을 받은 손님의 방문빈도는 높은 경향이 있다.

이와 같이 '관계를 지속'하기 위해서는 적극적으로 파는 것을 목적으로 하지 않는 DM이라도 효과가 있다.

8

매장 직원의 열쇠

'프로 의식'과 '감사의 마음'

즐거운 쇼핑을 할 수 있었는가 하는 것은 상품과 매장만이 아니라 '실제로 서비스를 하는 사람과의 접촉이 즐거웠는가.'도 중요한 포인트이다. 특히 여성들에게 있어서 '여성 직원이 기분 좋은 대응을 하는가.'는 매장의 인상 전체에 영향을 준다.

왜냐하면 같은 여성끼리는 '성의를 다하는가, 아니면 표면적인 대응인가.'를 바로 알 수 있기 때문이다. 여성 직원을 보는 여성고객의 눈은 남성 직원을 보는 눈보다 예리하다고 생각하며 대응하는 것이 좋을 것이다.

그렇다면 여성 직원은 어떻게 대응하는 것이 좋을까?

업종을 막론하고 아래 4가지가 중요하다.

① 인사 등 전반적으로 밝고 느낌이 좋다.

② 상품지식과 센스가 있어 안심할 수 있다.

③ 여성고객 개개인에 대해 잘 안다.

④ 자신의 요구에 빠르게 대응해준다.

위의 사항들은 아주 당연한 일이지만 이를 가슴에 품고 매일 실행하는 것도 역시 프로가 아니면 할 수 없는 일이다. 스스로 '좋아, 열심히 하자.'는 의식이 없다면 불가능한 것들이다.

예를 들어 인사하는 것만 보더라도 밝은 얼굴로 자연스럽게 하는 곳과 그렇지 못한 곳의 차이는 확연하다.

미소와 인사까지도 '열심히 하자.'는 계속적인 의지가 없다면 바쁘다는 이유 때문에 지속할 수가 없다. 하지만 이상하게도 바쁠 때 미소를 띠지 않는 곳은 한가할 때도 마찬가지로 미소를 볼 수 없다.

결국 여성 직원이 여성고객에 대해 '좋은 느낌'을 줄 수 있는지는 직원 각자가 '자신은 프로다.'라는 '프로의식'을 가지고 있는가에 달렸고 '찾아주셔서 감사합니다.'라는 '감사의 마음'을 가지고 있는가에 달려 있다.

'프로의식'이란 말 그대로 '나는 프로다, 그러므로 이렇게 해야 한다.'는 자신과 자긍심을 말한다. 이런 마음가짐의 여성 직원은 진취적이고 열심히 노력한다.

'프로의식'을 지닌 여성 직원은 여성고객의 지지를 받고 있다. 이와 같은 직원은 다음의 도표(198쪽)와 같은 특징이 있다.

즉 여성 직원이 '프로의식'을 가진다면 여성고객에게 훌륭한 대응이 가능한 매장이 되는 것이다.

명령과 급여만으로는 움직이지 않는 여성 직원

그렇다면 구체적으로 어떻게 하면 좋을까?

예를 들어보겠다.

한 포장 재료전문점은 여성 직원이 주요전략이다. 기본적인 매너는 괜찮지만 '차다'는 인상을 주는 점포였다.

어느 날 사장이 물었다.

"우리 매장이 좀 더 따뜻한 느낌이면 좋겠는데요. 밝은 미소로 맞이하거나 손님의 이름을 부른다든가, 아니면 가벼운 이야기를 나눈다든지……. 직원들에게 가끔 그렇게 얘기하지만 잘 안 되네요." 하는 것이었다. 그리고 여성 직원들과 이야기를 하다 보니 알게 된 것이 있었다.

1 손님이 사는 물건의 특징을 잘 안다

2 손님이 왜 사는지 흥미를 가지고 있다

3 손님이 지명할 정도로 신뢰를 받고 있다

4 「이렇게 하면 기뻐하지 않을까」 싶은 아이디어를 바로 실행에 옮긴다

5 스스로 느낀 점이나 다른 멤버의 아이디어를 활용해, 멤버와 함께 실행에 옮긴다

그것은 남성들에 비해 여성 직원은 명령을 받아도 자신이 납득하지 못하면 열심히 하지 못하겠다, 즉 '명령으로 움직이지 않는다.'는 경향이 있다는 것이다.

또 보수에 따라 일부 여성 직원은 열심히 하지만 '그것으로 싫은 일까지 해야 한다면 보수 따위는 필요가 없다.'고 생각하는 여성도 많았다.

즉 여성 직원에게는(물론 전원 다 그렇다고 할 수는 없지만) 남성 직원과 비교해서 '돈과 명령으로 움직이게 하기에는 힘든' 면이 있다고 생각한다.

여성 직원에게 '프로의식'을 갖게 하고 잘 활용하는 데는 요령이 있다.

급여를 중요시하는 사람에게는 급여로 평가하면 되겠지만, 일부

는 취미와 환경을 중시하며 일하는 사람도 있다.

그럼 어떻게 하면 이런 직원들이 진취적이고 의욕적으로 서비스와 상품지식 향상을 위해 노력해줄 수 있을까?

그것은 바로 자사에서 일을 함으로써 '이런 사람이 되기를 바란다.'는 '이상형을 명확히 전달하는 것'이다.

예를 들어 '주변사람까지 활기차게 만들 수 있는 여성이 되기를 바란다.'든가, '자사에서 일하려면 품위가 있기를 바란다.'는 식의 여성상을 표현하는 것이다.

왜냐하면 여성은 남성에 비해 조직 속의 규칙에 의해 명령을 따르는 행동 패턴을 경험하지 않았기 때문이다. 따라서 아무리 상사에게 명령을 받았다고 해도 자신이 하기 싫으면 하지 않는다.

'할 수 없는 것'이 아니라 '하고 싶지 않다.'는 것이 문제이다.

그렇다면 여성 직원들이 스스로 '하고 싶다.', '도전하고 싶다.'라는 목표를 갖도록 하는 것이 포인트이다.

그러기 위해서는 숫자를 목표로 제시하기보다는 '이런 태도를 취하기 바란다.'는 '태도목표'가 효과적인 것이다.

결국 이 매장에서는 결혼 전의 젊은 여성 직원이 많았으므로 '품위 있는 여성이 되자.'라는 '태도목표'를 설정하였던 바 이에 여성 직원이 호응했다.

'품위 있는 여성이라면 멋진 결혼도 가능할지 모르겠다.'라는 어필이 효과가 있었다고 생각한다.

　그리고 드디어 미소가 있는 매장으로 변화해 갔다. 여성 직원이 스스로 '품위 있는 것이 어떤 것일까?'를 생각한 결과가 이 매장의 변화로 이어진 것이다.

매일 변화하는 여성고객

매장은 손님의 입장에서

여성고객은 매일 변화한다. 그 변화에 대응할 수 있는지가 결국 '대상고객에 대해 얼마나 진심으로 생각하는지'를 말해 주는 척도라고 생각한다.

단지 생각만 하는 것은 감각의 차이를 좁힐 수 없다.

그럼 자신이 생각하는 '이렇게 하면 기뻐하겠지.' 하는 의도를 실현하려면 어떻게 하면 좋을까?

특히 남성경영자에게 권하는 것은 '스스로 쇼핑경험을 늘리기 바란다.'이다. 자신이 실제로 손님의 입장이 아니면 느낄 수 없는 것이 많다. 스스로 돈을 지불하고 구매를 해보지 않으면 평가가 느슨해져 버린다.

내 자신도 구매체험에 대한 한 가지 사건이 있다.

어느 날 인테리어업체인 거래처의 계열사에 단순한 고객의 입장으로 간 적이 있다.

그곳은 직접적으로 관련이 있던 곳도 아니고 직원들과 안면도 없었다. 그러나 그곳은 그 지역에서 제일 인기 있는 업체였다. 본점의 컨설팅을 맡고 있었기 때문에 만족스러운 물건이 있을 거라는 기대를 가지고 찾아갔다.

당시 커튼을 사러갔지만 고르기가 불편하고 마음에 드는 것을 찾을 수 없었다. 상품의 종류라면 업계에서도 꽤 많은 편인데…….큰 문제였다. 바로 사장님께 전화를 해 이 이야기를 했다.

그리고 매장의 레이아웃과 상품분류를 변경하고, 자세한 설명을 원하는 손님에게는 티켓제도를 도입해 차를 마시며 순서를 기다릴 수 있는 공간을 만드는 등의 지도를 하였다. 이것만으로도 전년도와 비교해 매상이 20% 늘었다고 한다.

이것은 결국 '손님의 입장에서 매장을 볼 수 있는가.'의 문제라고 생각한다. 이것은 그리 쉬운 일이 아니라고 생각한다.

내가 권하는 것은 남성이 자신의 구매기회를 늘릴 것, 그리고 여성고객의 마음을 파악하는 능력을 키우기 위해서는 대상이 되는 여성고객과 다른 가치관을 가진 여성고객의 쇼핑에 적극적으로 함께 하는 일이다. '왜 그 매장에 가는가?', '왜 그 상품을 사는가?' 등의 시점에서 본다면 남성의 판단기준과 다른 것을 느낄 수 있을 것이다.

여성고객을 지속적으로 기쁘게 하는 것

또 여성고객의 시전에 가깝게 다가가기 위한 시스넴으로써 '설문지'나 '요망서'를 도입하는 것도 효과적이다.

단, 이제까지 주시한 결과 설문지가 계산대 옆에 있는데도 전혀 활용되지 않는 매장을 많이 볼 수 있었다. 설문지는 직원이 '부탁드립니다.' 하고 직접 손님에게 전해 주고, 적힌 대로 하나하나 대응해 나가는 것이 중요하다고 생각한다.

내가 사는 곳 근처의 편의점에서도 계산대 옆에 설문지가 놓여 있다. 하지만 한 번도 그 설문지를 전해 받은 적이 없어서 스스로 집어 작성했다.

'언제나 이 매장에는 휴지가 널려 있다.', '사장님의 앞치마가 항상 더러워 불쾌하다.'는 것을 주소와 이름까지 써서 보냈다. 하지만 전혀 개선이 되지 않았고 답장도 없었다. 이러한 경우에는 바로 답장을 보내거나 개선을 해야 할 것이다. 요망서를 무시당하는 것만큼 실망스러운 것도 없다.

또 하나, 여성고객의 변화에 대응하기 위한 방법론으로써, 역시 매장의 직원에 의한 것이 있다. 영업일지를 쓰고 있는 점포가 많다고 생각하는데 앞으로는 '마케팅일지'가 되기를 바란다.

다른 점은 '손님이 원하는 상품', '이런 것이 있으면 좋은데 라고 생각하는 것', '대응방법에서 바꾸고 싶은 점' 등 여성고객의 변화 징후를 기록하는 것이다.

이 마케팅일지를 활용해서 결함을 줄이고 상품기획에 도움을 얻고 있는 메이커도 있다. 이와 같은 데이터는 숫자로는 알 수 없고 이야기 속에서 느낄 수 있는 것이다. 이것이 수치 데이터를 분석하는 것보다 빠르고 눈에 띄는 결과로 나타난다.

여성고객을 지속적으로 기쁘게 하는 것은 그다지 어렵지 않다. 진심으로 계속해서 열심히 하면 된다.

앙케트
엽서

‘여성고객으로부터 ‘갖고 싶다’는 욕망을 끌어내는 방법과
‘여성고객 마음 사로잡기’는 여성고객의 마음을 알게 되면
이를 응용해 욕구를 일으킬 수 있게 된다

여성고객의 마음을 움직여라

초판 1쇄 발행 ‖ 2013년 8월 5일

저 자 ‖ 다카히라 아이
옮긴이 ‖ 박진배
펴낸이 ‖ 김규현
펴낸곳 ‖ 경성라인
주 소 ‖ 경기도 고양시 일산동구 백석2동 1456-5
전 화 ‖ 031) 907-9702
팩 스 ‖ 031) 907-9703
E-mail ‖ kyungsungline@hanmail.net
등 록 ‖ 1994년 1월 15일(제311-1994-000002호)

ISBN ‖ 978-89-5564-140-0 (13320)

정가 ‖ 12,000원

* 잘못 만들어진 책은 구입하신 곳에서 바꾸어 드립니다